EL COACH ILUMINADO

MANUAL DE ILUMINACIÓN LOW COST

RAIMON SAMSÓ

INSTITUTO DE EXPERTOS EDICIONES

ÍNDICE

TU REGALO

Mi manera de darte las gracias por la compra de este ebook es ofreciéndote un informe en PDF ¡de regalo!

Imagina que puedes preguntarme qué libros me han influido más, bien en este PDF te lo revelaré. Unan lista con los diez libros que más me ayudaron a cambiar el rumbo y a lograr que mi estilo de vida fuese totalmente satisfactorio.

Una lista con diez libros recomendados, junto con la portada y las tres ideas principales de cada una des esa obras. Adquirirlos y leerlos ya es cosa tuya. Para conseguir este obsequio, visita mi página. Allí encontrarás el informe PDF descargable de manera gratuita:

http://www.supercoaching.es

Yo tardé muchos años en reunir la bibliografía adecuada, pero he elaborado este informe para que a ti te resulte más fácil y rápido. Feliz regalo, feliz lectura.

A todas las personas que sienten
que forman parte de Dios

PREFACIO

La libertad es una elección, ¿quieres concedértela?

Imagina que antes de nacer, y dormirte en "la historia de tu vida", colocaste un despertador en mitad de tu sueño para que sonara en este momento de tu vida, y garantizara tu despertar dentro de la ensoñación. Pues bien, este libro es ese despertador. Y lo lees en el momento justo para descubrir el "manual de instrucciones de la vida" que has estado buscando durante tanto tiempo.

En este libro se te muestra el camino de la liberación con respecto al ego, las limitaciones, el sufrimiento, la separación y el conflicto... de la manera más sencilla y entendible, siguiendo los preceptos elementales de una vía de sabiduría milenaria: el Vedanta Advaita.

De forma breve, sencilla y fácil de comprender, el autor te explica cómo pasar de la oscuridad a la iluminación. Sin necesidad de: gurús, maestros, ritos, retiros, prácticas, renuncias... y, por supuesto, sin que debas convertirte en un bicho raro para tu círculo social, o recluirte en un Satsang. El autor te propone una iluminación, inmediata, *low cost* y asequible para el occidental que lleva una vida urbana. Y te expone con claridad misterios de la mística hindú para su comprensión por parte de los no iniciados.

Un libro para el despertar espiritual inmediato.

Aprende a vivir desde un estado de Gracia en el que todo ocurre con facilidad. Por medio de esta obra, llegarás al final del sueño colectivo en que has vivido; y por fin, verás claro quién eres y cuál es tu único propósito en el planeta. Si en alguna ocasión te has preguntado: ¿cómo funciona la vida? aquí tienes la respuesta.

Este libro resuelve para siempre los tres problemas de:

✓ autoestima
✓ inseguridad
✓ soledad

Con su lectura y comprensión, alcanzarás diez hitos:

1. Revelar tu identidad real
2. Descubrir el propósito de tu existencia
3. Conocer la única decisión que debes tomar
4. Concederte una libertad sin límites
5. Prescindir de la aprobación ajena
6. Disolver la la falta de autoestima
7. Desterrar el sufrimiento
8. Acabar con la inseguridad y la soledad
9. Pasar del victimismo al poder interior
10. Hacer menos y conseguir más

Descubre tu propósito y cual es la única elección que debes tomar para ser libre sin limitación.

*Raimon Samsó es autor de: **"El Código de la Manifestación"** (Ediciones Obelisco) y de otras 24 obras, algunas de ellas bestsellers en el ámbito de la conciencia y la abundancia. Para conocer más sobre el autor, visita su web principal: **www.raimonsamso.com***

INTRODUCCIÓN A LA LUZ

Este libro es un manual de iluminación.

¿En qué aspecto es un manual? En su función de entrenamiento mental. Mientras leas este libro estarás entrenándote a pensar de una manera completamente distinta a cómo el mundo te ha enseñado. Y su resultado es la iluminación porque te invitará a despertar del sueño en el que vive la humanidad.

Lejos de ser un instrumento sobre procedimientos, instrucciones y pautas, revela la experiencia del autor como *coach* consciente. Su contenido exige más comprobación práctica que comprensión mental, y más habilidad que inteligencia. No es un libro para ser entendido, sino para entenderse a uno mismo.

Para mí, una persona iluminada es aquella que se ha reconocido a sí misma. Punto. Así de sencillo: una persona iluminada es una persona que ha despertado del sueño del ego y se ha reconocido por primera vez. En un simple párrafo he descrito la esencia del libro, pero como seguro que quieres descubrir más, sigue leyendo, por favor.

Como sabes, una luz prende otra luz.

En mi caso, tuve la fortuna de abrazar a Amma Sri Mata Amritanandamayi Devi, conocida en todo el mundo como Amma o Madre por su amor y compasión desinteresados hacia todos los seres. Amma ha dedicado su vida entera a aliviar el dolor de los pobres y de los que sufren física y emocionalmente. Esta mujer inspira y transforma con su abrazo corporal (visita *Embracing the World*, su ONG).

Amma visitó Barcelona varias veces; y en una de las ocasiones en que dispensaba abrazos a quienes lo deseaban (lo hizo durante días, en un pabellón deportivo abarrotado de gente), tuve ocasión de recibir mi Darshan. ¡Ser abrazado por Amma! Aunque yo no tenía ninguna expectativa, ni sentía ninguna devoción por ella, puedo decir que en sus brazos pude sentir el Amor infinito en el mismo instante en que nuestros corazones se unieron.

En sus brazos descubrí el no espacio y el no tiempo, así como el amor incondicional. Y la certeza que tuve con ella fue que yo regresaría a esa emoción inconmensurable el día que dejara esta vida, que ese amor era lo que me aguardaba tras morir, y que yo deseaba recuperar aquella sensación porque sentía que era real, algo así como mi casa. Amma ahuyentó definitivamente mi sensación de extravío. Todo lo anterior ocurrió en apenas dos segundos (no hizo falta más tiempo).

Y esa certeza absoluta e instantánea me acompaña desde entonces. Tal cual.

Durante dos segundos había estado despierto o iluminado.

Años antes, había sentido algo muy parecido. Un día, en el transcurso de mis rutinas cotidianas, de pronto visualicé espontáneamente un confesionario de iglesia, en el que entré. Al instante me vi rodeado por una penetrante luz inagotable y amorosa, sin espacio y sin tiempo, con una calidez y un brillo intensos, que me hizo sentir por primera vez qué es el Amor. Aunque la experimenté brevemente, aquella sensación inequívoca de estar libre de toda limitación siempre me ha acompañado.

Desde entonces, me he sentido muy seguro de mí mismo, incluso en momentos de incertidumbre generalizada y de cambios. Es algo que se queda contigo para siempre. Y esa seguridad me ha permitido atreverme a intentarlo o afrontarlo todo; porque sé qué o quién camina a mi lado.

Durante otros dos segundos volví a estar despierto.

Dos más dos: cuatro segundos iluminado.

Te aseguro que es más que suficiente para toda una vida. Porque no depende de cuánto dura esa iluminación, sino de la eterna huella emocional que deja en ti.

Así sucedió en mi caso. Desenmascaré a mi ego mientras ejercía como *coach*, por eso titulé este libro "El *Coach* Iluminado". No obstante, lo que vas a descubrir puede aplicarse a cualquier persona, sea cual sea su actividad.

No es un libro para *coaches*, asesores o mentores… sino para todo aquel que haya nacido en este planeta y aspire a tener una vida con sentido. Este libro es para todo aquel que crea que tiene que haber un camino que no sea el de esforzarse solamente para conseguir lo que desea.

En mi caso pasé de quererlo todo, el *pack* completo, a no desear nada por mi propio lado. Más adelante te explicaré qué significa eso. Antes de que te compadezcas de mí, o de que creas que me he vuelto loco, he de anticiparte que me siento muy feliz y que no he caído en un estado de desgana o de pasotismo.

Como *coach* estaba preparado para ayudar a cumplir los deseos de los demás… ¡y los míos también! Fue divertido comprobar hasta dónde podía llegar utilizando la técnica del *coaching*, porque funciona. Y lo cierto es que llegué bastante lejos. Obtuve la clase de vida que quería y, uno tras otro, mis sueños se fueron cumpliendo.

Pero conseguirlo todo me pareció poco ambicioso.

No me interpretes mal. No sentí codicia, ni engreimiento o un empacho de orgullo… sencillamente, percibí que aquella carrera no tenía fin. Me movía dentro de una rueda que jamás se detenía, marcándome objetivos y logrando resultados sin cesar. Esto que seguramente haría feliz a cualquier persona, a mí me pareció muy poca cosa. Porque al margen de hacer realidad mis deseos mundanos, en realidad yo quería saber quién o qué era la causa de aquellos asombrosos resultados.

Tenía éxito, pero no me bastaba con eso: necesitaba saber qué había detrás de aquellos milagros predecibles. Quería entrar en la cocina del universo y saber quién cocinaba todo lo que iba desfilando ante mí.

Esto sí es ser ambicioso.

Quería conocer la fuente de todo lo conocido, despertar del sueño-pesadilla, saber cómo funcionaba el cuerno de la abundancia. Y al igual que Forrest Gump, que repentinamente un día dejó de correr tras interrogarse sobre el porqué de aquella actividad; también yo me pregunté por otro modo de materializar los deseos. No tenía sentido hacer tantas cosas, tanto esfuerzo, tantos planes, tantos objetivos, tanto trabajo y tanto ego.

Ahora sé que no tengo que hacer nada.

Pero también he llegado a una conclusión, que es una paradoja: para poder darte el lujo de renunciar a tus deseos, e incluso liberarte de ellos, antes ¡debes haberte probado que puedes conseguirlos! Dicho de otra forma: para trascender el éxito antes tienes que haber tenido éxito.

Fue en ese punto cuando decidí entregar todos mis deseos al Amor, a la Presencia fuente de todas las cosas conocidas que intuí en mí. Agárrate bien: acepté que en realidad no sabía qué era lo mejor para mí y que me confundía casi todas las veces. Alcancé muchas metas gracias a que dominaba la ciencia del éxito, pero una vez comprobé que era capaz de conseguir lo que deseaba, tuve la convicción de que tenía que haber algo mucho mejor que hacer realidad mis deseos.

Sí, has leído bien: hay algo mucho mejor que conseguir lo que se desea.

Mi primer paso consistió en consagrar todas mis acciones al Amor. Mi ego se hizo a un lado y cedió el paso a mi Yo Soy. Entregué mi vida por venir a la Divinidad, al Absoluto, a lo Ilimitado, al Ser, a lo Real, al Amor... Mi segundo paso fue confiar mis objetivos a la Presencia, al Uno, a la voluntad de Dios. Y eso me relajó: ya no tenía que tomar decisiones, bastaba con seguir la guía interna del Amor.

Empecé a delegar en Dios. Es algo que te recomiendo: resulta muy liberador. Y desde ese día dejé de correr, como Forrest Gump (a fin de cuentas, ¿para qué tanto correr?). Abandoné la práctica del *coaching* convencional e inicié la era del SuperCoaching®, "*coaching* consciente" o "*coaching* iluminado".

Por abreviar, diré que en mi vida se produjeron una serie de cambios que me llevaron a pensar que estaba despertando de un profundo sueño. En los últimos años había sido un sueño hermoso, desde luego, pero no dejaba de ser una ficción onírica.

Entendámonos: tampoco es que no quisiera nada, porque no querer nada ya es querer algo. Yo quería una cosa, solo una: despertar. Hacer que esta vida valiera la pena de verdad. Despertar y mantenerme despierto se convirtió en mi único objetivo, y sigue siéndolo. Había tardado mucho en adquirir aquella claridad mental y no estaba dispuesto a cambiarla por un nuevo antojo de mi ego, así que me volqué en aquel objetivo.

Tú entregas tu vida a Dios y Dios te concede la Vida. Y lo siguiente que ocurre es que entras en un estado de Gracia (hablaré de esto al final del libro) que te proporciona todo lo que puedes necesitar y mucho más. Se te abren las puertas que antes estaban cerradas a cal y canto, a la vez que se te revelan oportunidades no soñadas.

No es que ocurra todo, porque no necesitas que suceda todo lo que se te pasa por la cabeza; pero te ocurre todo lo que importa.

Me convertí en un *"coach iluminado"*, sin deseos por mi propio lado, capaz de conseguir no sé si más cosas, pero sí aquellas que más valoraba. Presentaba tres grandes diferencias con mi yo anterior:

1. **Una inmensa paz interior**, sin conflictos, al saberme guiado y acompañado por una inconcebible inteligencia amorosa.
2. **Una inmensa relajación y calma**, pues ya no necesitaba esforzarme en absoluto, todo ocurría con facilidad.
3. **Una inmensa certeza y seguridad**, ya que sabía quién o qué avanzaba a mi lado.

Para que esto ocurriera, antes tuve que liberarme de mí mismo y de mi agenda. No fue una gran renuncia, ni un precio elevado, si lo comparamos con la recompensa.

Soy consciente que a un urbanita no se le puede pedir que lleve una vida de asceta. Yo no la llevo. Muchas de las recetas espirituales tradicionales están pensadas para un mundo y una cultura que ya no existen, y mucho menos en Occidente. Pero es en el día a día donde hay que practicar lo que se aprende en los textos sagrados.

Todos tenemos familias que atender, trabajos exigentes, depósitos de gasolina que llenar, redes sociales exigentes, y vivimos rodeados por una creciente complejidad que apenas nos da un respiro para dedicar tiempo a las grandes preguntas:

- ¿Quién soy?
- ¿De dónde provengo?
- ¿Qué sentido tiene todo?

Este libro las responderá. Este libro solo te pide unas horas a cambio del infinito.

Hoy en Occidente, tal vez en todo el mundo, hay muchas personas desengañadas con el fast food para el espíritu (las religiones), personas que buscan una iluminación *low cost* que no exija una renuncia a un estilo de vida moderno y "urbanita". Así que me propuse escribir un libro ameno y ligero sobre el despertar y la iluminación *low cost* sin renuncias ni cambios radicales.

Este libro desarrolla una idea muy chocante para la mayoría: no eres quien crees ser. En cierto sentido eres un impostor, un farsante; entiéndeme: sin mala fe. Has usurpado tu identidad real. Pero te pondré frente al espejo para mostrarte quién o qué eres.

He tratado de simplificar conceptos orientales complejos. En el glosario que encontrarás al final del libro ofrezco un resumen clarificador.

La primera clave para entender este libro es tener presente en todo momento que no existe la separación (dualidad), que no hay individuos separados. Y, dado que no existe un sí mismo separado, tampoco surge la necesidad de mejorarlo. Si lo recuerdas durante la lectura, todo te quedará muy claro. Volveremos a este punto esencial más adelante. La segunda clave es que la vida es impersonal, no hay individuos.

No hay nada que sea externo a ti. La cualidad de la realidad es la correlación absoluta. La cualidad del sueño es la disgregación absoluta. Por suerte, el que sueña está a salvo de cualquiera de sus sueños. No hay nada que pueda perjudicarte.

Comprobarás que repito algunos conceptos fundamentales, modificando su formulación, en varios capítulos. Lo hago deliberadamente, para que los secretos que transmite este libro resulten comprensibles y para que, por repetición, el lector los aprenda.

No debes conformarte con leer este libro: también debes experimentarlo. Cualquier información está compuesta por nociones de segunda mano, mientras que la experiencia es conocimiento de primera mano. Mientras lees, obsérvate y reconoce lo leído en ti. El texto es como una prenda: enfúndatela y comprueba cómo te sienta.

No te aconsejo leer este libro con tu ego sentado a tu lado. No ha sido escrito para él. Dale el día libre; el ego no puede iluminarse porque es un obstáculo para la luz.

No quiero que este libro suponga un ejercicio mental, no tiene sentido leerlo de principio a fin para mostrarse de acuerdo o en desacuerdo. O para reafirmar lo que has podido aprender antes. Por experiencia sé que casi todo el mundo busca resultados sin pasar por caja, sin poner los medios necesarios, de manera totalmente gratuita. Este manual de iluminación tiene un precio bajo (*low cost*), pero tiene un precio. Ese precio es dejar de ser "tú mismo", lo cual no es pedir demasiado, y prescindir de tu guión sobre cómo deben ser el mundo y sus habitantes.

Hay personas que han leído alguno de mis libros y que me preguntan ¿y ahora qué hago? O peor aún: ¿por qué no escribes otro libro que explique cómo poner en práctica este libro? Mi respuesta es que no hay que hacer nada, por eso no hay tareas. Esas personas han leído desde el ego que cree que ha de resolver tu vida.

Cuando era un *coach* convencional proponía tareas, ponía "deberes", diseñaba agendas y planes de acción… pero ahora que soy un "*coach* iluminado" solo propongo hacerse consciente. Nada más, nada menos.

Lo que puedo asegurarte ahora es cuando hayas despertado, todo se aclarará por sí mismo. Todas tus dudas se resolverán cuando dejes de esforzarte por resolver tu vida (no naciste para perfeccionar o solucionar tu vida).

Y recuerda: leer muchas veces las propiedades de un fármaco no logra que te beneficies de ellas. No te conformes con la lectura de este libro, mejor "tómatelo" a diario. Las palabras no bastan, nada superará tu experiencia personal. Yo no puedo convencerte de qué o quién eres, tendrás que averiguarlo experimentándolo en algún momento.

Y una confidencia final: la madrugada de diciembre 2017, en que terminé de escribir este libro, con el último párrafo del último capítulo, se me llenaron los ojos de lágrimas. No porque consiguiera una meta, lo que describe el libro ni siquiera es mío, sino por la belleza de los tres últimos capítulos que me emocionaron por completo.

No sé si todo lo que leerás es verdad, pero yo te lo ofrezco igualmente porque siento que así es.

Raimon Samsó, autor emprendedor.

www.raimonsamso.com

1. EL COACH QUE NO QUERÍA MEJORAR

Vamos a dejar las cosas claras cuanto antes, en este libro no encontrarás pautas para mejorar.

Si has leído lo suficiente sobre temas de superación personal, entonces ya dispones de recursos y estoy seguro de que no buscas más de lo mismo. Ya tienes un "yo tuneado", pero ahora quieres un Yo real. Quiero pensar que llegas a esta lectura con buena parte de las tareas hechas y que por eso esperas mucho más que palabrería y promesas grandilocuentes.

No vamos a maquillar tu mundo, vamos a ponerlo patas arriba.

Seré radical: las técnicas de superación personal y empoderamiento parten de un punto irreal. Su planteamiento es que alguien supuestamente imperfecto debe buscar y encontrar el camino que le lleve a la perfección. Con ese fin épico en mente, buscará y buscará, y se perderá por mil y un caminos hacia ninguna parte. Tratará de dar forma (personal) a lo informe (impersonal), en un intento de mejorase a sí mismo.

Las respuestas que buscas están en otro nivel de conciencia. No hay solución a los problemas creados dentro de un mismo nivel de percepción. Es necesaria otra perspectiva más elevada. Este libro te proporcionará una visión de 360 grados de ti mismo. Más aún: obtendrás una visión cenital.

Aquí el error es doble. Cuando el ego manifiesta la voluntad de pasar a otra cosa mejor, por un lado está asumiendo su imposible imperfección; y, por otro, inventa un "proceso" para tratar de mantener el control. Eso sí, le llamará proceso Sadhana y quedará feliz. Es lo que se conoce por "ego espiritual" en el "*bypass* espiritual", una postura muy mental que lo racionaliza todo: te insta a buscar para que no encuentres nada. Es un "Busca, pero no encuentres", para que así necesites de él siempre.

Hay un yo que parece requerir una gran mejora, pero la buena noticia es que ese yo no es real.

El *coach* iluminado llega a la conclusión de que todos estos conceptos…

- Reinvención personal
- Mejora personal
- Crecimiento personal
- Diseño humano
- Evolución espiritual
- La mejor versión de uno mismo
- Mejora de la autoestima
- Etc., etc., etc.

… son una chorrada. Por eso, el *coach* iluminado no quiere mejorar. Mejorar ¿a quién?

Para él, estas nociones no tienen ningún sentido. Todo eso confunde a las personas que creen que reconstruyendo o fortaleciéndolo su ego dejarán de tener una serie de problemas… ¡precisamente creados por su propio ego! En efecto: ¡el ego es la fuente de todos sus problemas!

Y su gran idea es ¡fortalecerlo! Es como apagar un fuego con gasolina.

Solo un ser humano que desconoce su Ser se percibe como débil y trata de empoderarse.

El ego decidirá buscar un aliado o un cómplice necesario: un *coach* convencional que infle la burbuja de su fantasía. Lo que ocurrirá con el *coaching* convencional es que su ego se rediseñará, cambiará de aspecto, se maquillará o se tuneará como un coche de carreras. Pura cosmética conceptual, chatarra espiritual. Un autoengaño para pensar que se va a alguna parte cuando en realidad lo único que se hace es dar vueltas a lo mismo (aunque con enormes esfuerzos).

Precisamente el gran problema de la humanidad es que las personas han inventado una identidad ilusoria que protegen y nutren. Y pasan toda su santa vida tratando de generar algo constructivo a partir de esa montaña de conceptos.

Así que todo ese proceso de mejora, reinvención, purificación, perfeccionamiento, superación… es solo una ilusión que se asienta en otra ilusión (la del pequeño yo inexistente). Vamos a dejar claro que solo hay un Yo y que no necesita ser perfeccionado. Dios lo creó de una determinada manera, y sigue siendo así a pesar de todo lo que parece haberle ocurrido.

El *coach* dormido o convencional distingue individualidades. Las denomina clientes. Pero cuando el *coach* está iluminado ve al Uno en todos aquellos que acuden a él, sin excepción. El *coach* dormido cree en la fragmentación, cree que el mundo es un inmenso puzle y que su trabajo es precisamente unir las piezas. El *coach* inconsciente quiere hacer cambios en el mundo y algún que otro ajuste personal.

> *El coach iluminado o consciente, en cambio, resuelve descubrirse a sí mismo, renuncia a cambiar nada o a nadie; ni siquiera a sí mismo (y mucho menos a los demás). Cuando*

> *comprende eso, ya no necesita que nada sea diferente, cambie o mejore. El coach que entiende esto, despierta y es un "coach iluminado". Es un punto de luz que alumbra su entorno y a quienes entran en contacto con él y están listos. Sus cambios provienen del no cambio. Su éxito consiste en no perseguir el éxito.*

Muchos de nosotros tenemos imágenes de Buda en casa o en el jardín. No es un acto devoto ni religioso; no significa necesariamente que seamos budistas… Se trata de un acto simbólico que tiene que ver con el hecho de que la imagen del Buda evoca sentimientos de paz y calma en quien la contempla. Por eso la imagen de Buda es tan popular en la decoración de muchos hogares. Es un punto de luz que ilumina con su presencia.

Sigue leyendo, porque más adelante enumeraré 32 características del *"coach* iluminado". Este no es un libro para *coaches*, sino que cualquier persona puede leerlo; porque todos disponemos de un *"coach* interno" que nos acompaña siempre. A él le dedico esta obra.

Si has leído mi libro "SuperCoaching" (publicado por la editorial Conecta), sabrás que ya di un paso en esta dirección. Ahora, con este libro, voy un paso más allá.

En mi caso, un buen día dejé de ser un *coach* al uso y abandoné la idea peregrina de mejorarme… y también de ser cómplice en el maquillaje del ego de mis clientes. Me dije: basta de intentar ser mejor. Pero ¿quién deseaba ser mejor? Exacto: el ego, en su ilusión de avanzar cuando no hay ninguna parte a donde ir, ni nadie superior en quien convertirse.

A mis ojos se hizo evidente que todo era un inmenso malentendido.

Llegué a la conclusión de que tenía que haber algo más enriquecedor que esforzarse para tener éxito. Incluso que debía haber algo mejor que la mera consecución del éxito. Lo que encontré son las revelaciones que he vertido en este libro. Finalmente entendí que lo que necesitaba era reconocerme por primera vez, no reinventarme por enésima vez.

Repentinamente, y de una manera definitiva, sentí que no había nada que mejorar. ¡Menudo descanso! ¿Y cómo llegué a esta conclusión? Guiado por una verdad intemporal que leí en un texto sagrado y que hizo mella en mí: "Aquello que está sujeto a cambio no es real". De manera que deduje que si era capaz de cambiarme a mí era porque el yo que estaba urdiendo era una fantasía.

Tú, al igual que un servidor, no necesitas un yo mejor, sino que necesitas un yo real.

Eso es despertar.

Be real my friend.

2. DEL VICTIMISMO A LA ILUMINACIÓN

Imagina una escalera con tres escalones.

Entre la oscuridad y la luz hay tres niveles (por explicarlo así) que están claramente delimitados . También podemos llamarlos "mentalidades", "dimensiones mentales" o "estados de conciencia", y son unas actitudes ante la vida radicalmente diferentes. Las personas que viven en esos tres niveles parecen habitar universos diferentes.

Según en cuál de ellos te encuentres, lo que experimentas en la vida cambia. Y en esos niveles o dimensiones viven personas que en el mundo de la cosas. Sus posturas son tan distintas que, aunque sean vecinos de escalera, las vivencias de unos no tienen nada que ver con las de otros: se trata de universos paralelos.

Veamos los tres niveles: se pasa del victimismo a la responsabilidad, y de aquí al despertar:

1. En el primer nivel, el victimismo, hay *overbooking*: ahí tenemos a más del 80% de la población del planeta.

2. En el segundo, la responsabilidad, encontramos una avanzadilla (el

19% de las personas) con mayor o menor empoderamiento.

3. Y en el tercer nivel, el despertar, se encuentra menos del 1% de la población; personas que han tenido alguna percepción (no continuada) de despertar.

Con estos porcentajes, el panorama no es muy alentador. Posiblemente ahora entiendes por qué el mundo es un "valle de lágrimas". Pero en realidad el mundo es neutro, no es bueno ni malo; solamente es el escenario donde se representa nuestro drama. No hay nada que arreglar ahí afuera, todo está ocurriendo dentro de ti, en la sala de proyección. No le eches la culpa al mundo de lo que te pueda ocurrir o serás una "víctima" (pero no del mundo, sino de ti mismo).

En el primer nivel, el del victimismo, gobierna la "Ley del talión": ojo por ojo, diente por diente. No creo que nadie perteneciente a esta dimensión esté leyendo este libro, así que pasemos directamente al nivel número dos: quienes aplican la "Ley de la acción": automejora, fijarse metas, empoderamiento... En suma, son individuos que se refuerzan y luchan por una vida mejor. En el nivel tres están las personas que se aplican la "Ley de la asunción". Son aquellos que han mirado dentro de sí mismos y han reconocido su auténtica identidad: la Presencia de Yo Soy.

1. Ley del talión

2. Ley de la acción

3. Ley de la asunción

En todos estos niveles se experimenta un deseo innato de libertad, de liberarse de uno mismo (de tu estructura mental egótica). Aunque estas personas no lo viven de este modo, sino que tratan de liberarse de los efectos que ellas están creando. No buscan las causas y apenas luchan contra los efectos. En resumidas cuentas, si se lo preguntamos a todos, reconocerán tener objetivos en la vida, pero comparten un único metaobjetivo: liberarse. La liberación de las limitaciones es la felicidad.

Si me permites una analogía… En términos penitenciarios, los "presos victimistas" son esclavos de sus patrones cerebrales. Sus cadenas son mentales y, al ser invisibles, son muy difíciles de identificar y por tanto de romper. Como todo les ocurre sin que intervenga su responsabilidad, renuncian a mejorar su existencia.

En el nivel de los "presos responsables" están los reclusos cuyo "sueño" (dentro del sueño) es mejorar sus "condiciones carcelarias": más tiempo en el patio, mejor comida, mejor celda, mejor camastro, mejor trato… y, si puede ser, algún vis a vis de vez en cuando. Estos cautivos han decidido prosperar en la cárcel, pero no despertar del sueño-pesadilla que les mantiene en ella. Se esfuerzan por reformar sus condiciones carcelarias, eso es todo. Salen más horas de la celda, pero lo más lejos que llegan es al patio de la prisión.

El espíritu usa el mundo como un espejo, el ego lo hace como una prisión.

En el nivel de "personas despiertas", no basta con una mejora de las "condiciones carcelarias". Solo vale salir de la cárcel. Despertar para liberarse de la esclavitud autoinfligida. Terminar con la pesadilla de una vez por todas. Estas personas son libres porque han acabado con las causas de su esclavitud. Su vida en el mundo no es mejor o peor, es real.

Lector, la libertad que estás buscando no admite negociaciones a la baja o de mínimos. Lo que persigues es de tal magnitud que solo será posible cuando abandones el inmenso malentendido de pensar que estás separado y cuando descubras tu identidad real. La persona que has creído ser nunca será libre, porque su naturaleza es la limitación. Solo trascendiendo el constructo mental del ego encontrarás pastos verdes.

Hay un paso previo al despertar: que tus sueños-pesadillas se conviertan en sueños felices. Resulta necesario, porque estos se encuentran más cerca de la luz que aquellos.

Recuerda la película "Matrix" (si no la has visto, hazte con ella). Al protagonista, Neo, se le plantean dos opciones: elegir la pastilla azul o elegir la pastilla roja.

Con la pastilla azul, Neo quedará hipnotizado en el mundo, proyectará allí lo que él decida creer y así creará su propia "realidad". A medida que ascienda en su nivel de conciencia, depurará el sueño proyectado. Vivirá en un mundo de dualidad y separación, y no se dará cuenta de que su mente da forma a la materia.

Con la pastilla roja, Neo se reconocerá y saldrá del sueño. Ahí interrumpirá la proyección, que pasará a ser extensión de la consciencia. Despertará. Percibirá desde la unidad y la no dualidad. Estará en el mundo, pero sabrá que no es una creación suya. En el peor de los casos, vivirá un sueño lúcido del que podrá despertar a la realidad.

Lector, este libro es tu píldora roja: si sigues adelante, verás qué es lo que está ocurriendo y tendrás que tomar una decisión. Solo una. Tendrás dos opciones, ignorar lo que te revelaré y seguir creyendo lo que quieras creer; o bien despertar y descubrir de qué va todo esto.

El coach iluminado no se contenta con trabajar con otras personas en los asuntos de la columna del medio. Eso es material de trabajo para el coach convencional. Pero el coach consciente va más allá y se centra en la tercera columna, en el despertar de su cliente. Su apoyo no sirve para crear más sueños felices dentro del sueño, sino para despertar por fin. El coach iluminado solo contempla un objetivo: despertar.

Ahora consulta de nuevo el cuadro y lo entenderás con más matices:

La segunda columna (en azul) corresponde a la píldora azul, es un sueño feliz, mejorado, tuneado... pero un sueño, al fin y al cabo. La tercera columna (en rojo) corresponde a la píldora roja, al despertar, el fin del dualismo, de la ilusión; es la vuelta a la realidad.

La vía de la iluminación es elegante y sencilla: consiste en desmantelar la identidad fabricada. Desde ahí se revela el Ser.

3. DESPERTAR ES DEJAR DE FANTASEAR

Vivimos un estado mental onírico.

Y buscamos continuamente argumentos que refuerzan ese estado. El sueño se retroalimenta a sí mismo. Por otra parte, nuestra civilización trata de convencerse, mediante las religiones, de que estamos muy lejos de Dios. Pero a nadie se le escapa que este entramado no es más que la voluntad de retener a la humanidad en esa Matrix, empleando la herramienta invisible del miedo.

Por otra parte, en el "supermercado espiritual" hay mucha "comida espiritual chatarra"; vamos, "fast food" con mucha grasa y pocos nutrientes. Seguro que, como a mí, te han vendido un sinfín de métodos para conseguir la realización. Apuesto a que, en relación con el fenómeno del despertar y la iluminación, habrás oido decir que son como alcanzar el nirvana aquí en la Tierra, que levitarás.

Todo eso son solo tretas comerciales de "vendedor ambulante de felicidad" o de "charlatán espiritual". A todos nos resulta familiar la gente que habla de oídas. Y que se atreve a ofrecerte los efectos que buscas sin activar las causas necesarias. En el fondo, esas personas te ofrecen métodos para soñar mejor y más profundo, para dormir más a gusto.

Es puro "trilerismo espiritual": ¿en qué cubilete está la realización? Nunca lo sabrás. El juego del ego está basado en la trampa. Tu ego trilero te engaña. Tu ego, para evitar tu despertar, ha creado la imagen mental de que despertar es fruto del esfuerzo, que lleva su tiempo, que es difícil... Ha convertido el despertar en un nuevo sueño, "el sueño del ego espiritual"; ha generado un nuevo obstáculo para que no prescindas de él y lo dejes tirado en la cuneta.

El mayor obstáculo para despertar es la idealización de lo que significa despertar.

El ego hará cualquier cosa para que sigas dormido, incluso prometerte la luna o el nirvana si hace falta. Se pondrá una túnica y usará un lenguaje espiritual sin saber su verdadero significado. Te llevará a la sala de los espejos, donde muchos "tú" te confundirán sobre tu identidad real. Practicará "trilerismo espiritual" contigo.

El ego espiritual es un ego aún mas dormido que el ego convencional.

Despertar no es entrar en el nirvana. Lo cierto es que las personas que despiertan siguen caminando por la superficie del planeta y llevan vidas normales, pero ya no buscan nada. Despertar no les conduce a la dicha inagotable, al éxtasis interior ni a la perfección. Obviamente, experimentan paz, certeza, verdad... pero eso es una consecuencia natural de su nuevo estado perceptivo.

Despertar no es...

- Dicha absoluta
- Perfección
- Éxtasis
- Renuncia al mundo
- Engreimiento
- Ser súper positivo

- Superioridad
- Sentirse mejor
- Ausencia de retos
- Experiencias místicas
- Activación de poderes
- Santidad
- Perfección

Despertar te conduce a saber quién o qué eres; y con eso basta y sobra.

Una vez despierto, te trae sin cuidado lo que antes te quitaba el sueño. Entras en un estado de Gracia que desarrollaré al final del libro; entre tanto, sé paciente y sigue avanzando conmigo…

Por el momento, mi mejor consejo para despertar es renuncia a tratar de sentirte mejor con lo aquello a lo que te enfrentas ahora. Intenta renunciar al yo que cree que las cosas deben mejorar o ser muy diferentes. No trates de despertar para sentirte mejor o para tratar de resolver un problema vinculado al sueño. Porque, a fin de cuentas, tratar de satisfacer al ego es creer en sus supuestas necesidades. Eso sería envolver un sueño con otro sueño, pero no despertar. Dime qué prefieres: ¿volver a la realidad o sentirte mejor dentro de la fantasía?

Tengo dos buenas preguntas con su correspondiente respuesta:

1. **¿Quién despierta?** Desde luego que no es el ego, puesto que él es el personaje inventado del sueño, el héroe de todas las aventuras en el mundo de las cosas. Digamos mejor que la Presencia se vuelve consciente de sí misma a través de tu conciencia o sistema nervioso. El observador se reconoce a través del instrumento que utiliza: la mente.

2. **Despertar ¿de qué?** Despertar de una ilusión mental fantasiosa. Despertar a lo que en verdad somos y, a partir de ese punto, tenerlo presente en cada experiencia en el mundo.

Despertar de la creencia de que estamos separados, de que somos imperfectos y limitados.

La vida dispone, con sus crisis, de infinidad de oportunidades para despertar. Son ventanas que se abren a cada poco para permitirte salir del sueño. Son espejos en los que reconocernos. Primero es una llamada, después un grito y finalmente una patada donde más duele. Y recuerda que solo hay un fin: despertar. Todo lo demás es un hermoso pero vacío e insustancial cuento de hadas.

Este libro es una oportunidad para despertar. Tú mismo lo colocaste dentro de tu sueño para asegurarte de que podrías volver a la realidad y no perderte en las profundidades del sueño. Para que lo comprendas mejor, permíteme una analogía: imagina que estás soñando y que en el sueño suena el teléfono. Entonces tienes dos opciones: la primera es integrar esa llamada en el sueño y soñar que contestas, y de esa forma el sueño continúa. La segunda opción es asumir que la llamada procede de otro lugar distinto al sueño (la realidad) y que has de despertar para contestar a la llamada. Tú eliges.

Todos somos llamados a despertar (no una, sino muchas veces) pero no todos eligen hacerlo (no una, sino muchas veces). Lo tranquilizador es que el final de este teatrillo ya está decidido. Y es un final feliz (mejor que eso), como no podía ser de otro modo.

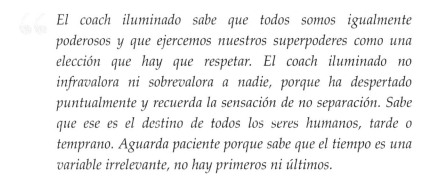

El coach iluminado sabe que todos somos igualmente poderosos y que ejercemos nuestros superpoderes como una elección que hay que respetar. El coach iluminado no infravalora ni sobrevalora a nadie, porque ha despertado puntualmente y recuerda la sensación de no separación. Sabe que ese es el destino de todos los seres humanos, tarde o temprano. Aguarda paciente porque sabe que el tiempo es una variable irrelevante, no hay primeros ni últimos.

Lo que ocurra a partir de ahora depende de lo que tú decidas. Este libro puede ser una llamada telefónica dentro del sueño o una llamada telefónica fuera del sueño. En el primer caso, lo leerás y seguirás durmiendo; en el segundo caso, lo leerás y despertarás.

Por último, veamos la diferencia, si es que existe, entre despertar e iluminación: la iluminación se produce cuando el despertar no involuciona, cuando se mantiene y es permanente. Para simplificarlo:

- **Despertar**: recordar quién y qué eres (lo que siempre has sido). Teoría. Estado provisional.
- **Iluminación**: reflejar ese entendimiento en lo cotidiano. Práctica. Estado permanente.

Cuando tiene lugar el despertar, cesa el deseo de ser alguien distinto a quien eres.

4. EL COACH SIN OBJETIVOS

¿Te imaginas un *coach* sin objetivos?

Deja que me explique y así podrás captar el sentido de la pregunta. Seguramente sabes que los *coaches* y entrenadores se caracterizan por marcar objetivos a sus clientes y por motivarles para que trabajen duro en pos de su consecución. Aquí vamos a poner el mundo al revés, porque es así como estaba, al revés, y vamos a dejarlo del derecho.

Si me lo permites, te contaré algo acerca de mí. Hubo un tiempo en que apuntaba todas las recetas de éxito que encontraba. Era divertido: un juego para ver hasta dónde podía llegar. Y he de reconocer que muchas de esas recetas funcionaban de cara al fin para el que estaban diseñadas: tener éxito, conseguir metas y objetivos.

Aprendí la ciencia del logro. Entendí que el éxito, el arte de conseguir lo que se desea, es una ciencia casi exacta si sigues un protocolo contrastado.

Sí, el éxito es predecible. Es el efecto inevitable de una mentalidad y de unos hábitos concretos.

Conseguir lo que se desea no es muy complicado cuando sigues unos modelos que fueron revelados hace mucho tiempo y que siguen vigentes hoy en día. Pero como sucede con todo, hay un precio que pagar; y ese precio es el esfuerzo, el tiempo y, a veces, el sacrificio personal. Se consigue algo a costa de algo. No me interesa esta clase de éxito, ya que lo logras a costa de alguna otra cosa… es un mal negocio.

Pero como funciona, y como los resultados llegan, uno acaba convirtiéndose en un galgo que corre detrás de una liebre. Lo malo es que hay muchas liebres que perseguir, y esas liebres cada vez son más veloces.

Un buen día, tras haber alcanzado muchas liebres, de pronto te detienes. Y te preguntas para qué corres tanto. Entonces decides dejar de correr y continuar adelante, pero caminando. Si has visto la película "Forrest Gump", recordarás ese momento de revelación profunda. De pronto, ya no te apetece correr; no porque estés cansado, sino porque es algo que ya has hecho antes y quieres pasar a algo nuevo. Has tenido suficiente. Y empiezas a pensar que tiene que haber otro modo de actuar en la vida.

Cuando eres corredor y dejas de correr, te conviertes en otra cosa.

Cuando eres *coach* y dejas de plantearte objetivos, te conviertes en otra cosa.

Cuando eres empresario y dejas de centrarte en tus intereses, te conviertes en otra cosa.

Así fue como cambié de profesión de un día para otro. Muchos de mis clientes no lo entendieron. ¿Qué iban a hacer ahora? Les había abandonado. Me auto proclamé *coach* sin objetivos. ¿Estaba renegando del *coaching*? No, más bien estaba pasando a otro nivel. Buscaba conseguir lo mismo, incluso más, pero desde otra disposición: la consciencia pura.

La ambición espiritual consiste en no conformarse con un ego recauchutado.

Como no esperaba ser entendido de inmediato, me disculpé y cerré mi oficina de *coaching*, que por cierto llenaba mi agenda de citas con clientes y era una fuente de ingresos muy rentable. Decidí que cuando todo me iba bien era el momento idóneo para pasar a otra cosa, o mi propio éxito me devoraría.

Sí, lector, concluí que un buen *coach* no puede tener metas. Comprendí que todo era más sencillo, y que como mucho podía fijarme un objetivo. ¿Y cuál podía ser ese único objetivo que sustituiría a la avalancha de metas tras las que habíamos corrido tanto yo como mis clientes? No tardé en descubrir el único objetivo.

Una única cosa. Lo único.

Entendí que no tener objetivos es en sí mismo un objetivo. Por tanto, adoptaría "el objetivo de no tener objetivos", y listo. De ese modo podía seguir siendo *coach*, pero ahora era un "*coach* a la inversa" con el único objetivo de no tener objetivos.

Uno tiene que ser coherente con sus principios, a no ser que quiera perderse a sí mismo. Perderse a sí mismo le expulsa de la partida.

Cómo llegué a esa conclusión no importa, si bien la lectura de textos budistas influyó. Como sabes, para el budismo la cesación del deseo es un punto clave. Pero, ¿no es eso mismo un deseo? Claro, pensé, los budista desean no desear. Eso ya es en sí mismo un objetivo. ¡Se apegan al desapego! ¡Y rechazan la aversión! Qué contradictorios son. También tienen deseos.

En el fondo, ellos y nosotros, todos, estamos confundidos. Pero como les considero sabios, decidí seguirles la corriente: mi objetivo sería vivir libre de objetivos. Y convertirme en un "*coach* iluminado" sin objetivos. Punto.

¿Cómo llevo a la práctica el no tener objetivos?, te preguntarás. Te daré algunas pistas:

- Preguntándome: ¿a qué me conduce conseguirlo?
- Aceptando que nunca sé qué es lo mejor para mí.
- Entregando todos mis pasos al amor y dejando que Él me guíe.
- No tomando decisiones en beneficio propio.
- Despreocupándome por cómo acaba el sueño.
- Aceptando que no hay sueños mejores que otros, porque todos son irreales.
- No haciéndole la pelota a mi ego.
- Dejando que me importe bien poco lo que piensen de mí.

Deja que te comparta algo bien interesante:

> *Como coach iluminado, iba a marcarme el único objetivo de no tener objetivos. Lo cual en nuestra civilización occidental es un contrasentido muy provocador. Pero como siempre he jugado a la contra y me ha ido muy bien, dinamité uno de mis roles profesionales (el de coach) y di paso a una nueva forma de afrontar la búsqueda del éxito, ahora sin fijar tantos objetivos. Cada vez que alcanzaba un hito, me reinventaba para llegar al siguiente sin dormirme en los laureles de la autocomplacencia. La forma de tener más éxito es cuestionar el éxito mismo.*

Insisto en que ser un "*coach* sin objetivos" requiere mucha vigilancia, disciplina y trabajo para no caer en la auto complacencia y la desidia. No se trata de abandonarse, sino de entregarse al Yo real. Si la humanidad contase con la disciplina interna de reconocerse a diario, este libro sería del todo innecesario.

No olvides que estamos entrenados para vivir en la hipnosis colectiva de creer que la felicidad depende de conseguir algo por uno mismo. Y nos han instruido en la cultura del hacer, no en la del ser.

Hay algo mejor que "hacer y conseguir" y consiste en "ser y conseguir".

En ese nuevo estadio de conciencia el *leit motiv* de conseguir objetivos es desplazado por el de ser el objetivo. Al final, descubres que basta con ser para tener las puertas abiertas de cara a conseguir lo que más deseas. Mínima conciencia, mínimos resultados; máxima conciencia, máximos resultados.

Así que ahora, lector, mi único objetivo es mantenerme despierto para no recaer en el sueño de que hay algo que conseguir por mi cuenta y que mejorará mi vida. Y reconozco que esa lucidez requiere mucho más de mí que el hecho de alcanzar metas.

Ahora el reto es conseguirlo todo sin hacer nada.

5. ILUMINACIÓN LOW COST

Mi sueño es bajar a la tierra el fenómeno de la iluminación.

Tal vez algunos se molesten conmigo por usar el término "iluminación" de una forma frívola, y tal vez tengan algo de razón al reaccionar así. Pero date cuenta de que es una noción más dentro de un intrincado laberinto de conceptos sustentados por palabras que tratan de aprehender la realidad. Algo que nos aleja doblemente de la realidad: los conceptos y las palabras.

Fíjate que el mismo hecho de utilizar el término "iluminación" de modo reverencial ya supone marcar distancias y crear separación, tal vez por no sentirse merecedor de esa condición.

Se ha escrito mucho acerca de la iluminación y yo soy el menos indicado para hacer nuevas aportaciones. No soy un místico, un asceta ni un gurú… solo soy un autor que se conforma con plantear una visión muy personal de la vida en sus libros. Con este "manual de iluminación *low cost*" me propongo situarte a las puertas del despertar. Si tienes un vislumbre, un *insight*, me conformo. La iluminación es un reconocimiento, no es un cambio ni tampoco un logro.

La "iluminación *premium*", que consiste en estar despierto al 100%, y durante todo el tiempo, es algo que dejaré para un libro futuro (si es que alguna vez llego a conocer de primera mano ese estado de alerta continua); aunque intuyo que semejante nivel de vibración puede ser una amenaza para el cuerpo físico, que no podría mantenerse estable durante mucho tiempo y que correría un riesgo innegable de sufrir un cortocircuito.

Así que vamos a dejarlo a un lado de momento. Por ahora, nos centraremos en la "iluminación *low cost*" ("iluminación" a secas, a partir de ahora), que consiste en breves y espaciados *insights* o lapsos de lucidez transitoria.

• Iluminación *premium*: lucidez sin limitación

• Iluminación *low cost*: instantes de lucidez

De ahí que utilice el término "*low cost*" a modo de *insight*, epifanía, o revelación momentánea. Y no te apures por la brevedad de su duración: aunque despiertes durante apenas un nanosegundo y después vuelvas al sueño, ten por seguro que ya nunca podrás olvidar la certeza de que hay otro modo de estar en el mundo. Y en el futuro regresarás en más ocasiones a ese momento de hallazgo.

Durante toda la lectura de este libro te repetiré que iluminarse es despertar y que este acontecimiento no ha de exigirte ningún esfuerzo (solo el ego se afana y se esfuerza, pero la iluminación no es asunto del ego). Y como apenas consiste en un darse cuenta, es por tanto de bajo coste. *Capisci*?

Pero no te confundas: que no tenga coste no significa que no tenga valor. El valor de autorrevelarse a sí mismo es absoluto. No confundas valor con precio.

Ni yo ni nadie te puede decir quién eres, pues no lo creerías; deberás averiguarlo por ti mismo en algún momento de tu vida en este plano. Este es el único propósito de la vida en este mundo: despertar a tu identidad real. Acabo de resolverte el problema de encontrar un propósito de vida. Ya lo tienes, y no hay otro.

Una vez más: la iluminación *low cost*, o de bajo coste, es darse cuenta, ser consciente, caérsele la ficha, comprender… sin más que hacer, sin necesidad de que ocurra nada más. Es fácil entender que este es un viaje sin distancia, porque nos lleva a nosotros mismos, a donde ya estábamos, pero ahora sintiéndonos de una manera muy diferente. Iluminarse es simplemente un reconocimiento. No puede ser un cambio, ni grande ni pequeño, puesto que lo que ya es perfecto no puede cambiar para ser otra cosa.

La iluminación significa estar en el mundo pero sin pertenecer a él.

¿Ser más consciente es suficiente para una vida iluminada? Creo que es el primer paso nada más. Un estado mental, por avanzado que sea, no deja de ser entendimiento, y una vida iluminada transciende la mente y llega hasta el observador de la mente.

Iluminación es sinónimo de deshacer la ilusión de la separación.

Iluminarse es traer un poco de luz allí donde quiera que uno esté. Qué importante es ser un punto de luz en el mundo. La luz beneficia a quien que se acerca a ella.

Siguiendo la metáfora de la película "Matrix", es hora de elegir. Ve por un vaso de agua.

Pastilla azul (primera línea): el ego, la dualidad, la mente separada que proyecta en el mundo su nivel de conciencia (sabiéndolo o no). Es la creación del mundo, que solo es un reflejo de la mente que lo genera con su proyección. Es el puro mirar afuera sin introspección, la visión materialista del mundo. La mente vuelta hacia el exterior que toma forma en lo mundano. Expresa miedo.

Pastilla roja (segunda línea): el Espíritu, la no dualidad, la mente correcta no separada que está en contacto con la Fuente y que extiende la única realidad: el amor. Al regresar a la consciencia impersonal se regresa a la realidad. Es la mente girada hacia dentro que se vuelve consciencia pura. Expresa amor.

Trataré de resumir lo dicho hasta aquí en estos dos mapas mentales para cada píldora:

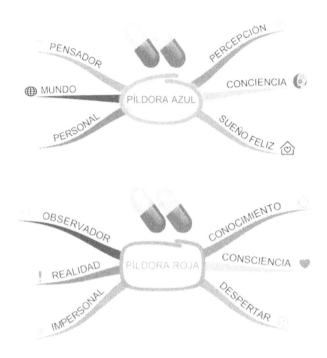

Mapa mental 1: Un nivel de conciencia medio percibe o interpreta lo que ve, como mucho su sueño puede mutar a un sueño feliz o mejorado; pero no obstante sueña, pues sigue creyendo en la individualidad de las personas que existen en un mundo separado de estas. Todo lo cual es experimentado por un ser pensante, una mente que suplanta a la verdadera identidad.

Mapa mental 2: Un nivel de conciencia muy evolucionado trasciende y llega a la pura consciencia, lo que le coloca en las puertas del conocimiento puro o certeza absoluta. Algo ha despertado, pero ya no hay nadie ahí para atribuirse el logro. Es una percepción impersonal desde la realidad, causa del mundo. Todo lo cual es experimentado por el observador de la mente que la usa como instrumento.

Discúlpame si no me expreso con más claridad, si no se me entiende. Tengo serias dificultades, a pesar de ser escritor, para describirlo con palabras o conceptos. Si lo siento, lo sé; si lo digo, no lo sé.

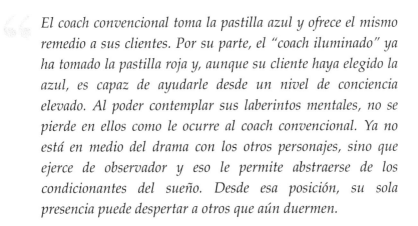

El coach convencional toma la pastilla azul y ofrece el mismo remedio a sus clientes. Por su parte, el "coach iluminado" ya ha tomado la pastilla roja y, aunque su cliente haya elegido la azul, es capaz de ayudarle desde un nivel de conciencia elevado. Al poder contemplar sus laberintos mentales, no se pierde en ellos como le ocurre al coach convencional. Ya no está en medio del drama con los otros personajes, sino que ejerce de observador y eso le permite abstraerse de los condicionantes del sueño. Desde esa posición, su sola presencia puede despertar a otros que aún duermen.

Y esto es todo sobre la iluminación, de momento. Pero sigue leyendo, porque esto no hará más que mejorar.

6. LA BÚSQUEDA INÚTIL

Encontrarse a sí mismo es el gran reto compartido por toda la humanidad.

No hay nadie en este planeta que no busque alguna cosa que crea que le dará la felicidad. Esto implica la creencia de que hay algo fuera de sí mismo y de que algo ajeno a él le podrá completar. Esta mentalidad refleja la negación de la auténtica identidad y es la causa de la identificación con un cuerpo y una mente.

La gran pregunta es: ¿quién soy? Pero para saber quién -o qué somos- se requiere de una condición previa que nadie parece tener en cuenta: despertar. Este libro te aclarará en qué consiste despertar.

Sabes, dentro del sueño no hay revelación posible porque en el sueño todo es ficción. Y buscar respuestas dentro de una ficción es un engaño. En el sueño, no es posible darse cuenta de nada verdadero porque el sueño es el escondite que utiliza el ego para ocultar la realidad.

¿Dónde esconderías una gota de agua? Exacto: en un vaso de agua. ¿Sabes cómo ocultar tu verdadera identidad? Exacto: ocultándola donde nunca la buscarás o buscándola dónde no está. Lo que precisamente te impedirá saber quién tú eres, es preguntar a otros. Buscar lo que ya tienes. Buscar implica que hay un aquí y un allá. Buscar implica que se carece de lo buscado. En definitiva, buscar implica separación. Y la separación es el gran invento del ego para que nunca encuentres la realidad. Una jugada maestra sin duda alguna.

El lema del ego es: busca pero no encuentres. El gran engaño del ego es el de invitarte a buscar lo que no se puede encontrar por una razón muy clara: nadie lo ha perdido. El ego sabe cómo entretener la mente para que no estés presente en el aquí y ahora donde se encuentra lo que estás buscando. El ego te convencerá de que mañana y allí encontrarás lo que tienes ahora y aquí. El ego es tramposo.

La búsqueda es en sí misma el escondrijo perfecto de lo buscado. La trampa de tu ego consiste en que busques y sigas buscando (creyendo que es posible buscarse y encontrarse) y nunca encuentres. Por tanto, los primero que debes hacer para descubrir quién o qué eres es dejar de buscar. No hay nada que buscar, nunca has perdido nada, por eso no lo encontrarás.

Buscador, no busques, ¿cómo puedes haberte perdido a ti mismo? Esto es una locura. Un sinsentido. Tú eres lo que estás buscando. ¿Cómo podrías buscar lo que ya eres? ¿Cómo se puede recuperar lo que nunca se ha perdido? Todo esto es tan extraño como un perro que trata de morderse la cola…

Cuando lo que buscas está en todas partes, puedes dar por seguro que no lo encontrarás nunca. Piénsalo: si el pez se preguntase cómo conseguir agua, sin darse cuenta de que está dentro de ella, concluiría que no puede encontrarla. ¡El agua es su contexto! El ser humano igualmente busca en el mundo pero no en el contexto de su naturaleza. Cuando el escondite es todas partes, se pierde la capacidad de diferenciar la ausencia de la presencia. No hay contraste, no hay hallazgo.

Dice Tony Parsons, autor y místico : *"Todos tenemos un miedo y un deseo profundo de descubrir quienes somos y la mente inventa mil maneras de evitar este descubrimiento. La manera más efectiva de evitar despertar consiste en buscarlo".* Bingo.

Me complace decirte que ya eres lo que has estado buscando, y eso es lo que siempre has sido. Fin de la búsqueda, empieza el reconocimiento. Abórdalo desde este lado: pregúntate ¿quién busca? Y verás que el buscador no existe, el ego es una identidad inventada e irreal. Así que que nadie puede encontrar nada. Renuncia a la búsqueda, renuncia al buscador, y tendrás todo.

Reconoce que la aparente solución, la búsqueda, es en sí misma una trampa para no encontrar como escribe Tony Parsons. Cualquier fórmula para encontrarse a sí mismo es un auto engaño que te conduce a no encontrarte nunca. Es una "solución" que crea el problema.

De hecho, no hay problema: porque nadie se ha perdido. Esta es la buena nueva: no hay un camino, ni un viaje, ni un proceso, ni enseñanzas que aprender… (todo esto es un *"bypass* espiritual" para no afrontar la verdad). Y la verdad es que la vida va de despertar, nada más (y nada menos).

> *El coach iluminado sabe que todas esas fórmulas para la búsqueda refuerzan la idea de separación, de que hemos perdido algo, y que debemos conseguirlo para estar completos. Son una fantasía de separación que la perpetúan. Él sabe que todos esos caminos, o vías, espirituales sugieren que las personas a las que apoya aún no han llegado a su destino. Y su destino está aquí, es despertar, y es algo que se puede hacer aquí y ahora.*

Despertar, la iluminación, no es una búsqueda, es un reconocimiento o revelación. El reconocimiento tampoco es un trabajo, porque no hay nada que alcanzar. Todo lo que debes alcanzar es una nueva comprensión: ya eres lo que buscas. La revelación ocurre por su propio lado como la fruta que madura. No se puede forzar. Solo puedo recomendarte: presencia, silencio mental, auto observación.

Siento desilusionar al ego espiritual: no existe ningún método para convertirnos en lo que ya somos. Sería más fácil encontrar un método que convierta el plomo en oro que uno que convierta algo en lo que ya es. Piénsalo.

En conclusión:

- No hay un lugar al que ir
- Nada que hacer
- Nadie en quien convertirse…

Simplemente no puedes dejar de ser como fuiste creado, y recuerda que te creó la perfección completa a su semejanza. Cualquier práctica basada en el esfuerzo, el tiempo, la lucha, la búsqueda o el sacrificio… solo te alejará más del centro de tu Ser. No te permitirá estar presente que es lo único que necesitas.

No hagas nada, solo reconócete. Limítate a corregir ese inocente olvido primordial tras el cual todo se reduce a un mal entendido. Y lo bueno es que no tienes que dejar nada, solo has de renunciar a tu actual auto concepto o ego. En realidad, no es ninguna renuncia puesto que es irreal.

Te sugiero dejar de buscar aquí y allá. Tú ya estás aquí y allá, y en todas partes. Como ejercicio mental te propongo pedirte "una forma de ver diferente" en cada situación en la que te encuentres, porque siempre "hay otra manera de ver el mundo". Pregúntate cuál es la que te proporciona paz. Esa será la prueba de que por fin elegiste correctamente.

Y una última reflexión: muchos son los que buscan la felicidad, sin caer en cuenta que es una fantasía del sueño. En su lugar, busca la verdad, te dará mucha más paz.

En palabras del maestro Jan Kersschot: *"Si estás buscando un sendero mágico que te lleve hacia ti mismo, te tengo una noticia mala y una buena. La mala es que no existe sendero alguno que te pueda llevar. La buena es, que ya estás en ti mismo"*. Y para acabar una reflexión de Carl Jung que lo resume todo: *"Quién mira afuera, duerme; quién mira adentro, despierta"*.

7. LA VOZ QUE NUNCA CALLA

¿Te has preguntado quién "habla" dentro de tu cabeza?

Te lo diré yo: "la voz mental que nunca calla" empieza la jornada contigo. Y no va a dejar que te duches en paz con su verborrea matinal. Ese momento se convertirá en un alboroto ya bien empezado el día. "La voz mental que nunca calla" ya está narrando el día, repasando la agenda, y pronto te descubrirás manteniendo conversaciones mentales a solas. Tendrás discusiones mentales con personas que no están allí contigo. ¿No es cierto?

Ensayar discusiones en la mente no cambia nada. Es palabrerío inútil.

Aún así, la voz no callará, son demasiados años los que llevas dando voz a su verborrea. Se ha crecido y ha tomado el control. Eres adicto a sus ocurrencias. Escucharla parece que te ayuda a entender tus aventuras en el mundo, pero reconoce que te enloquece.

Es auto adoctrinamiento.

Es masoquismo mental.

Es una locura.

Estoy seguro de que eres consciente de la voz que habla en tu cabeza cuando piensas. Es la misma que está subvocalizando esta lectura, ahora mismo. ¿Te resulta familiar? Claro, te acompaña en todo momento: todo el santo día. Por descontado que estás convencido de que esa voz eres tú, de que es tu mente, de que es tu voz interior (¿de quién sino?) pero…

- ¿Cuando escuchas música, tú eres quien canta?
- ¿Cuando oyes un teléfono, tú eres el timbre?
- ¿Cuando un perro te ladra, tú eres el ladrido?

Entonces, ¿por qué crees que tú eres la voz que oyes en tu cabeza?

A mí me gusta tararear a Sinatra, pero nunca he creído ser Frank Sinatra. ¡Ya me gustaría! ¿Ves la diferencia? Entonces… ¿por qué te identificas con la voz que sirve de vehículo a tus pensamientos. ¿Acaso eres el vehículo que conduces? Pon atención en el conductor y olvida el vehículo. Revelación asombrosa: tú no piensas, tú eres pensado por esa matraca infernal inacabable.

La mente es una gran herramienta, lo malo es que todos creen ser su mente.

Llegados a este capítulo, creo que estás preparado para una de las afirmaciones más severas de este libro: creer lo que pensamos es un auto engaño. Sí has oído bien, la gente se cree lo que piensa. Menuda locura: ¡creen lo que piensan! Y la voz mental ("la voz mental que nunca calla") es el complice: las personas van a creer cualquier cosa que pongan en su pensamiento. Una vez se acepta una idea, por loca que sea, se justificará buscando argumentos que la refuercen y se descartarán los que la desacrediten.

La gente cree lo que le da la gana creer, al margen de si es verdad o no. Aunque ¿cómo culparles de ello? Dentro del sueño… ¿puede haber algo verdadero?

A esa confusión la llamo: compartir habitación con "el loco de casa". Admitámoslo, vivimos encerrados en nuestra cabeza con un paranoico por compañero: el ego, "la voz mental que nunca calla". ¿Entiendes ahora porque tantas personas enloquecen? Todos los que andan por este planeta "oyen voces" y creen lo que piensan; y por tanto son dementes.

El ego siempre tratará de convencerte de que es tu aliado para arreglar tu vida. Pero ¡oh!, la vida no necesita de ningún arreglo. Muchos necesitan tener una vida perfecta, vivir un cuento de hadas. Sí así, creen que la vida les habrá valido la pena; en otro caso, habrán fracasado. Madre mía, ¡vaya película que nos contamos!

Pero volvamos a la voz parlanchina que no te abandona ni un minuto. Cuando la voz habla de ti, fanfarronea con solucionar tu vida; cuando habla para los demás, fantasea con cambiar el mundo o a los demás. Ninguna de esas utopías es necesaria, ni posible. Pero al repetirlo muchas veces, y de diferentes maneras, puede parecer verdad. Ya sabes… cualquier mentira contada muchas veces llega a parecer una verdad. ¿Entiendes porque tanta gente vive auto engañada?

Llegarás a creer aquello que quieras contarte.

El "paranoico interior", el ego, el "loco o loca de la casa" es el responsable de complicarte la vida hasta el infinito. Su capacidad de generar conflictos es ilimitada. Espero que después de leer este libro, que en realidad es un despertador, le enseñes la puerta de salida. Aclárale que no hace falta que arregle nada de nada. Recuerda, esa es su coartada: tratar de convencerte de que hay algo que arreglar o mejorar.

Hasta la fecha de hoy, has caído en el engaño de identificarte con esa voz que habla en tu mente y que nunca cesa; y como ella es tu creación, no puedes librarte de ella. No puedes dejar de creer en tus fabricaciones… pero puedes crear algo muy diferente.

El objetivo de "la voz mental que nunca calla" es que vivas bajo su dictadura. Te ofrecerá como mucho una "libertad condicional" (parece que puedes elegir lo que piensas) pero nunca te ofrecerá la llave de la "libertad incondicional" (no permitirá que tu voz real, la de tu espíritu, sea oída en medio de tanto ruido mental).

Obviamente, la mente es un gran instrumento, puede fabricar la locura o puede crear la cordura. La imaginación creativa es un don. "La voz mental que nunca calla" va a estar contándote todos sus delirios para ocultarte la realidad. Recuerda que lo que piensas nunca coincide con la realidad.

> *El coach iluminado sabe esto y reconoce el mismo error en quien le pide ayuda. Sabe que todos actuamos al dictado de la voz que nunca calla. Y sabe que la voz no es un mal en sí misma, pero creerse lo que cuenta es un error inocente, porque algo así solo puede ocurrir en una mente dormida, y dormir inocentemente está más allá de poder ser juzgado. El coach iluminado no da realidad a esa voz parlanchina, se compadece de ella y pone el foco en el silencio que da espacio a la voz del alma.*

Mi recomendación para ti es dejar de prestar atención al "loco o loca de la casa", como decía Santa Teresa de Avila, con quien te identificas y te confundes. Deja que siga con su cháchara pero da un paso atrás (retira tu atención) y verás como languidece y se extingue. Si haces este ejercicio de desidentificación con "la voz mental que nunca calla", llegará a ti un cálido silencio lleno de presencia.

Para oír la voz del alma deberás antes ignorar "la voz mental que nunca calla".

8. LOS OBSTÁCULOS A LA ILUMINACIÓN

Corren muchos mitos urbanos sobre la iluminación.

He conocido infinidad de leyendas urbanas que se transmiten oralmente y que apuntan a la exageración y la idealización, cuando no la idolatría. No niego que por este planeta han pasado distintos avatares cuyas presencias han elevado espiritualmente. A todos ellos les considero hermanos mayores sin ninguna diferencia de fondo con cualquier otro ser humano.

Los avatares han puesto el nivel muy alto, ello ha acomplejado al resto mortales en su búsqueda de esa misma iluminación. Miran dentro de sí y comparan, y desde la ausencia de resultados, se frustran y con ello se separan (aún más) de sí mismos. Se pierden en la forma y así se niegan el fondo de la iluminación. Creen que están haciendo algo mal, o que aún no son dignos.

Creen en la indignidad y eso les aleja aún más de la identidad real.

Lo único que ha cambiado es el sueño, pero siguen dormidos. Ahora el sueño es iluminarse, ser especial. Han cambiado el sueño de creerse un simple mortal por otro de no merecer ser inmortales.

El gran obstáculo a la iluminación es enfocarse en una identidad equivocada. Me explico, cuando buscas una experiencia trascendental, imaginas que podrás hablar con tu Yo Soy, eso sería una prueba de "éxito espiritual". Pero piensa un poco, ¿quién quiere hablar u oír al Yo Soy o Absoluto? Exacto: se trata de tu ego, tu mente personal, tu yo inventado. Nadie. Ahora bien, ¿cómo podría lo real tener un punto de encuentro con lo irreal?

¿Ves como no es posible experimentar el Yo a través del yo? Disuelve primero tu ego, no vivas desde sus necesidades, hazle a un lado… y eliminarás el gran obstáculo para experimentar tu verdadera naturaleza. Con yo, no hay Yo. Sin yo, todo lo que hay es Yo.

Este libro es una visión *low cost* de la iluminación para los místicos urbanos en su día a día. Sin buscar artificios, sin esperar emitir un aura brillante, sin tratar de materializar objetos de la nada. Hay algo mucho mejor que todo eso y es sentir la certeza absoluta de la verdad (reconocer el Absoluto en sí mismo).

En la bibliografía sobre el tema, se encuentran técnicas para despertar. Pero, me pregunto, si son tantas ¿porque siguen también siendo tantos los que aún aspiran a conseguir la iluminación? Me temo que un método es un obstáculo en sí mismo porque presupone una mejoría respecto al ahora, y lo más sorprendente: alguien distinto en quien convertirse. Todo esto resulta muy sospechoso de ser una argucia más del ego para crear una nueva fantasía.

"Ser lo que ya somos" parece una instrucción complicada, porque no dejan de preguntarme: sí, ¿pero cómo hacerlo? Bien, no hay nada que hacer, es aún más sencillo. Todo proceso implica ir de un sitio o situación a otra.

Para el reconocimiento de lo que ya eres, no te servirá lo siguiente:

✖ Gurús: creer que hay seres especiales, jerarquías.

✖ Métodos: creer que hay que hacer algo para recuperarte

✖ Procesos: creer que volver al sí mismo toma un tiempo.

✖ Caminos: creer que hay que llegar a alguna parte.

✖ Religiones: creer que el poder está en manos de otros.

✖ Búsquedas: creer que no se tiene lo que ya se es.

✖ Héroes espirituales: creer en inflar un ego espiritual.

✖ Proezas espirituales: creer en la chatarra espiritual como salvoconducto al nirvana.

✖ Éxito espiritual: diferenciarse de otros buscadores menos exitosos.

✖ Auto mejora: creer que se es indigno y que hay que purificarse.

Para que la búsqueda espiritual culmine, debe desaparecer antes el buscador y todos los instrumentos de éste para iluminarse: la necesidad de tiempo, la condición de un proceso, la necesidad de un gurú, una práctica adecuada, un acontecimiento místico… todo esto son barreras para el despertar y la iluminación. Una vez, no hay buscador ni búsqueda, queda reconocerse. Porque por fin no hay nadie que tenga que encontrar nada: eso es una trampa urdida por la mente separada para seguir en la separación. Su ardid es: busca para que no encuentres.

Tu verdadero Gurú es tu Ser, no busques sustitución ahí afuera.

No estoy en contra de arrimarse a un maestro espiritual, pero con probabilidad el ego del alumno va a alimentar: la separación, el especialísimo, la idealización… todo lo cual le podría retrasar en su propio despertar.

 El coach iluminado no crea dependencia en su cliente, le acompaña lo justo y le deja andar solo cuando sabe que es el momento para no crear una relación de dependencia. Siempre le trata de igual, sin que hayan niveles que les separen, y honran al Ser que ven en el otro -aún cuando parezca perdido

en sus supuestas limitaciones. No ve personas con problemas, sino al hijo de Dios desorientado. No siente pena sino compasión porque ignoran su verdadera naturaleza divina o búdica.

La iluminación es un estado de conciencia que se iguala a la consciencia. Una vez más, es un darse cuenta. No es un proceso que requiera tiempo, condiciones, o acciones en el tiempo. Darse cuenta es hacerse consciente y ello puede ocurrir en un nanosegundo de nada y como causa de nada. Y lo que es más, sin razón que haga previsible ese *insight* repentino. Es algo que simplemente ocurrió.

Lo confirmará cualquiera que ha despertado: no necesitó tiempo, ni esfuerzo, sino claridad. No hizo ningún esfuerzo, sino que permitió. Aunque todos los que siguen buscando dirán que sí se necesita tiempo para la iluminación (porque el tiempo forma parte de su sueño) pienso que no es más que inflar fantasías y leyendas urbanas sobre la iluminación.

Recuerda tú ya eres el Absoluto…

… sin nada que hacer,

ningún lugar a dónde ir,

ni nadie en quién convertirse.

Iluminarse es simplemente permitirse experimentar lo que ya somos.

9. EL PRINCIPIO DEL SUEÑO

El sueño empezó, y con él el tiempo, y aún no ha terminado.

Tal como se dice en la Escrituras, Adán quedó dormido y en ninguna parte de los textos sagrados se dice que haya despertado. Ese fue el principio del sueño sin final conocido. Y como eso ocurrió en el principio de los tiempos, la conciencia ha olvidado lo que es estar despierta y sigue durmiendo como si tal cosa.

¿Cómo empezó? Con un pensamiento insignificante de separación. Entregarlo, declararlo sin valor, será el inicio de despertar. No es preciso hacer nada salvo declararlo sin valor. Mientras no tomes esa decisión, el sueño parecerá muy real, muy convincente. Incluso natural, por frecuente; pero no te engañes, es una anomalía.

¿Cuándo empezó? En el mismo momento en que invertimos nuestra visión. Vimos lo real como irreal, y lo irreal como real. Entonces, la verdad pasó a ser invisible y la falsedad pasó a ser visible. Hay dos clases de visión, la espiritual y la de los ojos o el cuerpo. No hace falta decir que hemos sustituido una por otra. Este manual es un entrenamiento en la inversión de tu mente porque percibimos al revés. No existe la separación, pero sí la unión.

Afirma el maestro Adyashanti: *"El mayor sueño que podemos tener es olvidarnos de que estamos soñando. Perdidos en el mundo de juicios, creencias y opciones imaginados por nuestra mente, estamos literalmente atrapados en un sueño. Para algunos es una pesadilla"*. Demasiadas personas viven una pesadilla sin fin.

Todos tus sueños son una elección de la separación.

La humanidad vive en un estado onírico sin fin del que no recuerda el principio. (Compártelo en tus redes sociales aunque te suponga perder algunos seguidores). Admitirlo es el principio de la solución.

Como suele decirse, el mayor problema es para aquel que ignora tener un problema, porque al no reconocerlo nunca reconocerá su solución. Con esta afirmación quiero señalar que la gran pega no está en lo que nos ocurre, sino en el estado mental desde el que ocurre.

Bajo el influjo del ego, el ser humano busca la solución donde no está: dentro del sueño. Así el gran mal entendido continua una y otra vez. Y la solución es imposible, los problemas se hacen crónicos y recurrentes. Pocos buscan las soluciones a sus pesadillas en la cesación del sueño. Simplemente se centran en mejorar su sueño. Es como tunear un automóvil que nunca ganará la carrera.

Y muchos dirán, tal vez para consolarse, el consabido:

- "lo he intentado"
- "estoy en el proceso"
- "estoy en ello"
- "a mi paso"
- "espero mi momento"
- "aún no toca"
- … excusas.

Hay un soñador nocturno y hay un soñador diurno. Ambos están alejados de la realidad, aunque el nocturno lo está doblemente (sueña que sueña). Pero en ambos casos hay un único elemento que nos indica dónde empieza la realidad. Y es la luz. La luz siempre cesa la oscuridad.

- La oscuridad no sobrevive a la luz.
- La luz no tiene opuestos.
- La oscuridad solo es la ausencia de luz pero no su negación.
- La luz no puede negarse porque es todo lo que existe.
- Y eso es lo que somos: luz vibrando a una escala tan alta que se convierte en amor puro.

Observa con atención este cuadro:

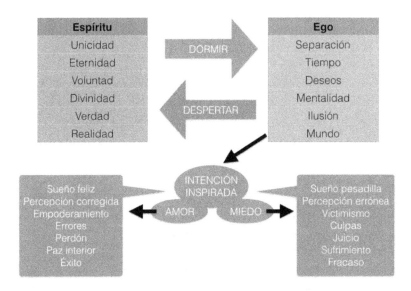

Este esquema te aclara lo que está ocurriendo. Cualquier intención estará inspirada o bien por el amor o bien por el temor, no hay otra opción. En función de qué sea lo que mueve a la mente separada a tomar una decisión, se desplegarán los efectos del cuadro. Todo lo que proviene del ego es un sueño (feliz o pesadilla) y por tanto alejado de la realidad.

En todos tus sueños reina el caos porque en cualquiera de tus deseos hay separación, dualidad y conflicto entre quien eres y quien crees ser.

Hay dos identidades: una real, la otra inventada. Y dicho esto, la única decisión real que podemos tomar es dormir o despertar. Dentro del sueño, o de la historia inventada, queda otra posible decisión, aunque es irreal porque está dentro del sueño, y consiste en soñar un sueño feliz o uno infeliz. En realidad no es una decisión porque implica ¡seguir durmiendo!

No hay más: o estás despierto o estás dormido; y en este último caso, tu sueño puede ser feliz o infeliz... y qué poco importa eso.

Dentro del sueño ocurrirá una de estas dos cosas en función del sueño que elijamos: escuchar al amor o al miedo. Dentro del sueño solo hay una decisión posible aunque parezca que hay muchas: disponemos de la libertad de decidir entre el amor y el temor en cada momento; y eso extenderá o proyectará experiencias oníricas diferentes.

En el mundo eliges amor o temor, en la realidad no hay nada que elegir, no hay opuestos a lo que Es.

Admitámoslo: estamos tan profundamente dormidos que hemos olvidado lo que es estar despierto. Peor: hemos olvidado el principio del sueño así que no planteamos su final. Y para colmo, el sueño que soñamos adopta por lo común la forma de pesadilla.

Estás soñando continuamente. Y no despiertas porque

crees más valioso el sueño que la realidad. Aquello a lo que entregas valor permanece en ti.

Mientras sigamos en ese estado, cualquier intento de mejoría, dentro del sueño, es otra fantasía porque en ese estado no hay solución a lo que parece ocurrir dentro del sueño pesadilla. La única solución real es despertar, por eso no importa lo que hagas en tu sueño.

Solo te va a servir despertar al sueño, no enmendarlo. Solo así consigues algo mejor que una solución: consigues la desaparición de todos los problemas.

Porque el sueño es un bucle sin fin donde una pesadilla conduce a otra que conduce a otra más… Y así hasta el aburrimiento. O se repite la misma pesadilla, en un previsible remake, una y otra vez, en momentos de la vida diferentes… es el Samsara o rueda de la vida que se ha puesto en marcha. La rueda que no cesa deja de rodar sin que uno pueda escapar a más de lo mismo. Pero…

- Imagina un cómic en el que los personajes desertan.
- Imagina una película en la que los personajes salen de la pantalla.
- Imagina una novela en la que los personajes se revelan.

Este libro es para que dejes de imaginarlo y lo hagas real. Sal de tu historia. Deshazte de tu guión. Sino ¿porque has comprado un libro para despertar?

Los personajes de tu historia parecen tener vida propia, pero no comprendes aún que eres tú quien se la otorga. Ellos cobran vida por invitarles a escena. Y por la misma razón, dejarán de actuar para ti cuando lo decidas.

Yo escribí este libro para recordar a las personas que son de la misma cualidad del Dios que tanto han buscado. Si esta afirmación te ofende es que vives en la dualidad, la separación, y por ello te conviene leerlo una vez más de propina. Este libro es tu oportunidad para deshacerte del malentendido de la separación. Pero si cuando termines de leerlo no abrazas la no dualidad, lo impersonal... entonces no te habrá servido de mucho.

He pasado muchos años enseñando a las personas a ser libres, ricas y abundantes, sabias. Ahora quisiera enseñarles a reconocerse como el hijo de Dios. Es un propósito titánico, lo sé, pero conozco la naturaleza de cada ser humano.

> *El coach iluminado no juega un juego pequeño con sus clientes, sino que juega el más grande de todos: ser el hijo Dios. Revelar su identidad real por encima de los guiones que ha estado siguiendo hasta la fecha para un personaje inexistente. Y cualquier papel que sea menos que ese, hijo de Dios, hermano de los avatares, es algo indigno para el cliente de un coach iluminado.*

Todo es Uno. La impersonalidad no te priva de nada (salvo de una identidad), a cambio te devuelve la divinidad (la totalidad).

Cuando sientes en lo más profundo esta verdad, empiezas a despertar.

10. LA ILUSIÓN DE LA DUALIDAD

La vida es un baile, ¿pero qué clase de baile?

El más convencional de todos… muy parecido al juego del escondite, en el cual la "consciencia espiritual" crea una "conciencia mental" en medio de un laberinto de espejos. Un inocente juego que aún no ha terminado. La genialidad de la consciencia consiste en esconderse en todas partes para no ser encontrada en ningún lado. En el baile, el danzante busca a su pareja, pero al tenerla en frente no la verá, y buscará a su alrededor sin éxito.

Para dar una fiesta necesitas a muchos (y bailar es cosa de dos). El ego fabrica la fragmentación, que es como un Big Bang de la consciencia… Y ahí empieza el acto inaugural de la gran fiesta de baile entre: el yo y el otro, el yo y el no yo… La dualidad.

Señoras y señores, se da por inaugurada la pista de baile.

En efecto, el sueño de la separación se concreta en la fantasía de la individualidad. Es un juego de apariencias nada más, es por eso que no cuadra con la realidad, pero es una apariencia muy convincente para quién la ha fabricado. Además, bailar resulta divertido y para cuando acabe la primera canción ningún ego recordará la unidad. La fiesta ya ha empezado sin que sepa cuándo o cómo va a terminar. *Ladys and gentlemen, welcome to the show that never ends.*

A mí me gusta bailar, pero también me gusta observar la pista de baile desde la distancia, y entonces acabo por no creer en la realidad del mundo. Eso no significa que niegue el mundo, ni que me baje de él, al fin y al cabo todos amamos ser invitados a las fiestas. Por supuesto que existe el mundo, al igual que existe un sueño, una idea, un concepto... pero que algo exista no le confiere realidad. ¡Oh !

El mundo, aún existiendo, no es real. Imagino que llegados este punto necesitas un ejemplo: Mickey Mouse existe pero no es real. Lo ves, pues agárrate a la silla en la que descansas: ocurre lo mismo con tu personaje ego: existes pero no eres real. No tal como tú mismo te consideras. Si he sido demasiado franco, puedes tomarte unos minutos de descanso en esta lectura. ¿Por qué elegí Mickey Mouse? Porque es un personaje de ficción inventado, igual que todos nosotros.

Nada de lo que está en el ámbito material del mundo existe por su propio lado o al margen de la conciencia. El mundo de las cosas no es autónomo, ni independiente. Ese es un efecto de otra cosa.

Advaita, en sánscrito significa "no dual", y es una filosofía milenaria de la tradición hindú. Y el dualismo, o la separación entre sujeto y objeto, es su opuesto occidental. Es la separación que resulta muy atractiva al ego y vale como mapa del mundo pero no describe la realidad. Como dicen en la PNL, el mapa no es el territorio. El mundo no es la realidad y quien crees ser no es lo que eres.

Como sabes, los sentidos apuntan hacia afuera, por eso estamos tan fascinados por el mundo. La introspección apunta hacia dentro, por eso olvidamos la dimensión espiritual.

La humanidad vive en un estado alterado de conciencia: han olvidado quienes son y esto les sume en un sueño colectivo. En el sueño, que es dualista, todos son víctimas de su propia visión separada. Y su hipnosis colectiva acaparará todas sus energías y esfuerzos.

Todo lo que ves en el mundo no tiene nada de normal. Es una anomalía de la no dualidad. La separación es un efecto óptico, no existe en la realidad. Y así llegamos a esta regla: el modo de saber si algo es real o no, es simplemente ver si parece separado de la totalidad. Si parece separado, es irreal.

Todo aquel con quien te encuentres confirmará tu creencia de que eres un ser separado, que igual que tú camina por el planeta en busca de algo de lo que parece carecer.

Más allá del mundo, está la realidad. Si no has detenido tu lectura, y te han entrado una ganas enormes de lanzar el libro en un gesto de pura alegría, es que nos has comprendido esta afirmación; y te rogaré que la vuelvas a leer, pues a pesar de ser breve contiene consecuencia implícitas.

- **Dormir** consiste en creer en la separación. Por eso cuando alguien está profundamente dormido desconoce quién es y se olvida de su verdadera identidad. La identificación con el cuerpo y la mente hace difícil el despertar ya que ambos son material onírico en sí mismos.
- **Despertar** es percibir la no separación. La existencia es un asunto impersonal que no puede abordarse desde la separación. Quien despierta, reconoce su verdadero Yo impersonal (exige la renuncia a la personalidad como identidad).

La entidad cuerpo-mente es un paquete onírico que impide la visión del Ser real.

Mientras sigamos creyendo que somos alguien separado de alguien (cada uno con cuerpo y su mente), mantendremos vivo el juego del escondite. Y el juego termina cuando, en última instancia, se desenmascara el yo separado, el ego, la falsa identidad... y ahí termina la superstición de la separación.

> *El coach iluminado se ve a sí mismo en el otro, no ve diferencias salvo en las apariencias. No se sitúa por encima ni por debajo de nadie. Al ayudar a otros, sabe que es a sí mismo a quién ayuda, que no hay nadie ahí a quién ayudar. Y que ayudando al que parece ser otro, se ayuda al que parece ser él. Por esa razón, cada vez más personas quieren "ayudar a otros".*

El gran problema para la mente dual es:

- ¿Cómo una mente individual puede renunciar a sí misma para reconocer la mente Uno?
- ¿Cómo una mente dual puede tratar de entender siquiera la unicidad?
- ¿Cómo un mundo de aparente separación puede originarse de la unidad absoluta?
- ¿Cómo lo perfecto puede dar origen a lo imperfecto?

El mundo es un experimento de fragmentación del Uno. Un juego de la conciencia. Es como un mosaico de piezas. Las muchas partes acaban dando sentido al todo. Y respecto a la pregunta de cómo ocurrió ese error en la Mente perfecta, la respuesta es: no ocurrió, todo quedó en una suposición (un sueño del que muchos no han despertado todavía).

Volver al Uno significa despertar del sueño de la fragmentación. Reconocer la mente Uno significa pasar de ser alguien, a ser nadie, y en consecuencia: ser todo. Esta renuncia al yo, que para el ego es una tragedia, resulta una liberación para tu espíritu.

Todo lo que proviene de la separación es un estado alterado de conciencia. Al despertar una persona no pasa de un estado corriente a uno extraordinario. Es al revés: pasa de una situación anómala a normalidad. Vuelve a la realidad.

La iluminación es el reconociendo de la no dualidad.

La iluminación es un reconocimiento, no un cambio.

La iluminación es la ausencia completa de oscuridad.

11. EL FINAL DEL SUEÑO

¿Quién lucharía contra lo inexistente?

Solo una persona demente que viera, por ejemplo, un gigante agitando los brazos donde hay las aspas de un molino lo haría. El ego hace algo parecido todo el tiempo: ve lo que no está ahí cuando confunde la percepción con la visión. La primera está inspirada por el miedo, y la segunda por el amor.

 La plena visión de la realidad coincide con el final del sueño.

Basta con incluir un instante infinitésimo de lucidez dentro del sueño para que el deseo de despertar se convierta en un evento inevitable. Nadie que quiera despertar podrá seguir soñando por mucho tiempo. El final del sueño es un hecho seguro que se produce en el momento que cada uno elija. Así que todo lo que parece ocurrir en el sueño de la vida, te guste o no, es para tu despertar a la realidad.

¿Qué es real? Lo que no experimenta cambio alguno.

¿Qué es irreal? Lo que está sujeto a cambios.

Para aclarar los conceptos, despertar es recordar. Es decir, ser consciente de lo que ya estaba en su mente. No hay nada que aprender, nada que hacer, y ningún lado al que ir. Lo que parece que se está buscando ya estaba disponible antes de cualquier sensación de extravío.

Una persona despierta cuando recuerda quién es, y ya no lo olvida, lo tiene siempre presente.

¿Quién en su sano juicio no desearía conocer su identidad real? No hay nadie en este planeta que, desde el momento en que puso un pie sobre tierra, no se encamine hacia el final del sueño. El final del sueño acontece cuando la separación no existe (se desmorona como posibilidad). Tenerlo presente es clave para no caer en el sueño inducido por el estado de hipnosis colectiva.

¿Cómo saber si estas soñando?, si sientes miedo es que lo estás.

Todo aquel que llega a este mundo es un demente porque cree en la loca idea de la separación y desea experimentarla en el mundo de forma.

El final es cierto y ya está establecido: el regreso a la cordura. Volver a la no dualidad que nunca hemos abandonado, salvo en sueños de los que vamos a despertar. No hay nada más angustiante que la loca idea de la separación. Una vez que introduces esa idea imposible en tu mente, los sueños pesadilla son inevitables.

 Has tratado de sustituir el mundo por la realidad, pero el amor no se puede sustituir por nada.

Despertar al no dualismo, terminará con la fantasía de la separación dualista. Con la disolución del concepto de "separación", todo el engranaje del sistema de pensamiento del ego se desmorona como un castillo de naipes. Es el principio del final del sueño. El final del sueño es una predisposición a morir a lo irreal para nacer a lo real.

El desenlace inevitable de todo este malentendido es la iluminación.

Y es algo que ocurrirá por sí mismo. No creo que volver al Yo Soy requiera de esfuerzos, tampoco de renuncias o sacrificios. Si renuncias a algo de este mundo, es porque crees que es real, en otro caso la renuncia no tendría sentido. Solo hay una cosa a la que debes renunciar y es a seguir creyendo en la validez del sueño.

Hay dos clases de despertar:

1) **Permanente**. La revelación, ese *insight* fugaz, se queda para siempre contigo, se hace permanente. Ya nada vuelve a ser lo mismo. La no dualidad es tu única visión. La iluminación ya no retrocede ante la oscuridad.

2) **Impermanente**. Es lo más frecuente, viene y va. Recuerdas y olvidas. Entras y sales de ese *insight*. Vas de la dualidad a la no dualidad y viceversa. La visión y la percepción se alternan. Pero como ya has sido alcanzado por la luz, te iluminarás.

Como dijo el místico Tony Parsons: *"El sueño que vivimos no tiene absolutamente ningún otro propósito que nuestro despertar de él"*.

En la vida solo hay un objetivo o misión: despertar. Y en consecuencia, añado el mantenerse despierto.

1. Despertarte
2. Mantenerte despierto

Ambas experiencias apuntan a la verdad. Una vez que has vislumbrado la verdad, todas las mentiras que te cuentas tienen los días contados. La conciencia se ha abierto aunque sea solo por un nanosegundo, y ya no podrá cerrarse. Ya no puedes no saber, aunque sí puedes olvidar lo que sabes.

Y ten por seguro que el mundo hará todo lo posible para mantener la hipnosis colectiva en la que vive la humanidad. Por eso es tan importante recordar cada día quién y qué eres. Olvidarlo es sencillo, es muy fácil en medio de los asuntos del día a día.

A veces, me pregunto si estoy despierto. Como muchos, entro y salgo del sueño, con una matización importante: cuando regreso al sueño, éste es lúcido: sé que estoy soñado. Entonces me recuerdo la voluntad de regresar cuanto antes a la realidad.

> *El coach iluminado no cambia un sueño por otro, como un trilero de feria. Aparece en el momento en que estamos listos para despertar y su función es no retrasar más ese evento inevitable para el que nos hemos preparado. Pero no es su responsabilidad porque nadie puede hacer nada a nadie. Todo nos lo hacemos nosotros, eso es la responsabilidad infinita. El coach consciente sabe que para las personas es duro asumirla pero que sería mucho peor vivir desde el sueño del victimismo.*

El final del sueño es la cesación total del sufrimiento. En la realidad no existe semejante experiencia. Solo se sufre en las pesadillas y éstas no son la realidad. Por eso el sufrimiento es ficticio, y aunque arranca lágrimas al personaje no puede tocar al Ser.

Por esa razón nunca hay nada que temer.

Caer en un sueño nuevo, mejorado o no, no es despertar sino seguir soñando. Es frecuente que quien sale de una pesadilla, crea por comparación, haber despertado; pero casi con seguridad es que tan solo ha entrado en un sueño menos doloroso.

¿Por qué la gente es reacia a despertar? Porque siguen dando más valor al sueño que a la realidad. No debería sorprenderte que tus sueños den pie a este mundo irreal, lo que sí debería extrañarte es que sigas deseando nutrirlo con tu mente.

El paso previo al despertar es la sustitución de tus sueños pesadilla por sueños felices, el siguiente paso es retirar tu fe en cualquier sueño, incluso los que tienen un buen aspecto. Todo sueño proviene del miedo y es de éste del que debes deshacerte.

El último sueño es el sueño de despertar, efectivamente es un sueño más pero es el más real de todos ellos y el último porque te lleva a la iluminación.

Para terminar, te recuerdo tu única elección: despertar o seguir soñando.

12. VOLVER AL UNO

Somos Uno.

Sé que al ego no le agrada nada esta idea. Implica su desaparición. Y tratará de aferrarse a su concepto de individualidad irreal, a su existencia separada. Como tiene una visión personal de la existencia, defiende la personalidad, la individualidad. Le encantan los pronombres personales: yo, tú, él, nosotros, vosotros, ellos… ¡Qué maravilla!, ¡de pronto, ahí afuera hay tanta gente a la que echar las culpas si las cosas no van bien!

Puedo entender que ser alguien parece mejor que ser nadie. Pero vayamos a definir qué es ser alguien y qué es ser nadie…

- Alguien: personalidad, carácter, personaje, ego… inventado que hay que defender.
- Nadie: presencia, totalidad, espíritu… realidad que no necesita defensa.

Visto así, me apunto a la segunda opción, me relaja más. No más luchas.

Casi nadie piensa en la gran ventaja de una vida impersonal. Pregúntate: ¿Quién sufre? Cuando no hay nadie se elimina el sujeto y el propietario del sufrimiento. Cuando no hay nadie aquí, entonces nadie puede sufrir. Todo se reduce a un sueño del ego contemplado por el observador con ventajas:

1. La ventaja de ser nadie es que regresas al observador.
2. La ventaja de ser nadie es que te conviertes en todo.
3. La ventaja de no ir a ninguna parte es que ya has llegado.
4. La ventaja de no tener un yo es que no hay nadie a quien defender.

En el mundo de las cosas, la mente inventa un yo separado (ego), y en consecuencia aparece el sufrimiento. Es el inicio de todas las pesadillas. El dolor psicológico es inevitable ya que la separación crea el miedo. Siempre hay mucho que temer.

Pero en la Realidad, la mente Uno no sabe nada del sufrimiento. La presencia de amor hace inexistente el miedo. ¿Cómo es eso? Al no tener que tomar ninguna decisión, por la ausencia de opuesto, no hay error posible. Nunca hay nada que temer.

Aquí está mi visión simplificada de la vida:

- Solo hay una misión o propósito: despertar.
- Solo hay un problema: saber quien somos.
- Solo hay una solución: recordar nuestra identidad.
- Solo hay una elección: amor o temor.
- Solo hay una Presencia: el Ser.
- Solo hay un deseo: integración al Uno.
- Solo hay una realidad: el Espíritu.
- Solo hay un Plan: el de Dios.

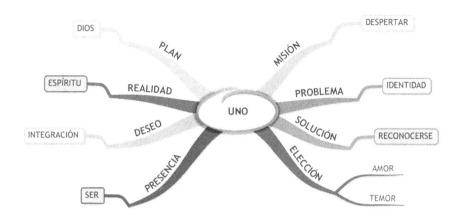

Te acabo de simplificar la vida. Todo es más sencillo de lo que parece.

Cuando te pones a analizar la vida acabas concluyendo que la verdad es simple y sencilla. Nosotros somos los complicados. La multiplicidad de opciones es una variación sobre un mismo tema. Como *coach* he hablado con mucha gente que buscaba algo de lo que creía carecer. Pero hurgando en sus deseos, me di cuenta de que todos llegaban a la misma conclusión. Sea lo que fuere aquello que buscaban, concluían en un mismo deseo, la felicidad, que se traducía en incontables deseos señuelo. Pero todos con la misma intención final: alcanzar la felicidad.

Al respecto de los incontables deseos del ser humano, déjame decirte algo revelador… No existe semejante cosa, solo existe la Voluntad de Dios que se convierte en múltiples deseos en la mente ego, que se convierten en infinitas metas en la agenda humana.

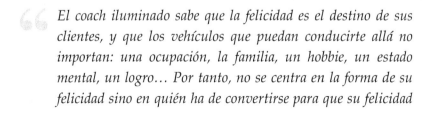

El coach iluminado sabe que la felicidad es el destino de sus clientes, y que los vehículos que puedan conducirte allá no importan: una ocupación, la familia, un hobbie, un estado mental, un logro… Por tanto, no se centra en la forma de su felicidad sino en quién ha de convertirse para que su felicidad

*sea inevitable; y llegado ahí, tome la forma irrelevante que
cada cual decida.*

Fíjate en esta perla de sabiduría: *"Cuando el Yo es conocido, todas las
ilusiones desaparecen"*, Ashtavakra Gita. Y aquí está la paradoja: la
Presencia impersonal se manifiesta a través de una mente ego muy
personal como una reducción masiva de su poderosa cualidad. De
alguna manera, la Presencia Yo Soy hace posible el juego de la separación, y lo hace en un mundo que parece muy real.

Pero no nos engañemos, es un mundo onírico, y precisamente ahí
está el secreto: la identidad separada solo puede aparentar realidad
dentro del sueño. De ahí la potencia de la afirmación del Ashtavakra
Gita: cuando sabes quién eres, despiertas, y dejas de crear personajes
en tu historia también inventada.

No solo creas tu personaje, y confirmas el que los demás crean para sí
mismos, sino que además eres el guionista que os hace actuar a todos.
Por eso en tu sueño parece que los demás deben ser de cierta forma
para que todo esté bien para ti.

La única Voluntad es la felicidad que se convierte en infinidad de
deseos a nivel del ego. Ahora entiendes que todo deseo es el anhelo
de volver a casa, de reconocerse, y volver al Uno. Es la Voluntad o
"deseo puro", el cual, se trocea por el ego en mil y una metas.

Todos somos Uno, al margen de una individualidad imaginaria que
aparenta ser tan real. Antes de abrazar el Uno (ahora te parece inconcebible), dedica tiempo cada día a no ser nadie, a no identificarte con
nada… cuando sea un hábito, te reconocerás como el Uno.

Invierte en no ser nadie: un ego *homeless*.

Cuando lo proceses, vas a sentirte Uno con los demás, con tus iguales. Si solo flirteas con esta idea, recaerás, el "ego espiritual" suele
creer en individuos especiales, en gurús, Mahatmas, en héroes espirituales… y cae de nuevo en la separación, ahora desde la sacralidad.

En la iluminación *low cost* no hace ninguna falta que trates de emularles, ni que te machaques tratando de ser un Buda (el despierto). Tampoco es preciso que te recluyas en un Ashram y mucho menos que te mortifiques.

La única forma de ser ese Buda, el despierto, es reconocer tu Ser. Desprendiéndote antes de tu ego. Y desde ahí te darás cuenta de que no careces de nada porque no hay imperfección ni falta que corregir. Somos Uno en el Ser despierto, sin carencias.

Así como puede haber "muchos" seres dormidos, solo puede haber un Ser una vez has despertado.

No somos más, no somos menos que nadie. Si te comparas con otros caerás en la trampa de creerte más o menos (alguien parece hacerlo mejor, conseguir más, ser diferente...) y eso te hará sufrir invariablemente. Has cometido el error de inventar un yo para ti y un yo para los otros, y eso tiene un precio: la separación, la comparación y el inevitable conflicto.

He escrito este libro para que despiertes como Ser impersonal, desapegado de la forma y de la identidad, del espacio, y del tiempo. Eres consciencia pura que se despliega en el mundo de la forma, el espacio y el tiempo.

No tienes que hacer nada, solo recordar quién eres. Por esta razón, este es un "manual interior"; no se aplica al mundo. No puedo ofrecerte pasos, acciones o planes para el despertar. Si lo hiciera, habría escrito este libro para el ego, y lo hice para ti.

Cuando dejes de tomarte en serio volverás al Uno.

---

13. EL YO IMPERSONAL

Una vida impersonal es un logro de la realización.

En el nacimiento, la luz toma forma e intuimos la utilidad de un yo construido para desenvolvernos en el mundo de la forma. Después pasamos la primera mitad de nuestra vida perfilando un yo inventado. En un momento dado, descubrimos la ilusión en la que hemos caído, despertamos y deconstruimos ese yo inventado, una entidad fantasma, hasta volver a la identidad real: la luz.

Mientras lees este libro, capítulo a capítulo, te das cuenta de que existe un "yo personal" (el que lo ha comprado, lo ha llevado a casa o a una cafetería y ahora lo lee), y un "Yo impersonal" (el que durante la lectura va a recordarte Quién eres en realidad). Ambos "yos" están sentados donde quiera que te encuentres en este momento. Uno está dentro del sueño, tratando de mejorar su vida; el otro está fuera, observado con compasión amorosa.

Poco a poco, te das cuenta de que existe un "Yo impersonal" que te condujo hasta este libro de forma "casual" y que te guía sabiamente de una y mil maneras también "casuales" a autoconocerte. Esto es lo que ocurre: un "Yo impersonal" observa con infinita compasión al "yo personal" y aguarda su decisión de autodescubrirse.

1. Yo impersonal: Presencia, Yo Soy, Absoluto…
2. yo personal: ego, auto imagen, personalidad…

Pero, ¿cómo podrías ser ambos *yos* a la vez, sujeto y objeto, observador y observado? Mejor aún, ¿puedes tomar consciencia de algo y, a la vez, ser ese algo? Me gusta formularte la clase de preguntas que lo cuestionan todo. Porque si dudas, abres la puerta a una nueva comprensión. Con la respuesta, brota en tu mente un nuevo paradigma que a su vez es un nuevo universo mental. Para abrazar un nuevo paradigma es preciso cuestionar el paradigma vigente sobre ese mismo asunto. Es un ejercicio de desapego mental con respecto a viejas creencias no contrastadas. Lo cual te conduce a otra dimensión.

En realidad, este libro es un despertador; aunque resulte extraño, ya que no lo compraste en una relojería.

Ahora, hagamos un pequeño experimento. Aparta por un momento la vista del libro, mira a tu alrededor. ¿Ves el mundo que te rodea? Pues está al revés. Todo lo que parece obvio es una ilusión. Sí, estás al revés, boca abajo.

Todo lo que crea sufrimiento en tu mundo lo hace porque está del revés. Y este libro desea ponerlo al derecho. Lo malo es que a partir de ahora, cuando mires a tu alrededor, verás que está boca abajo. Sí, los demás te observarán con extrañeza. No te desanimes, te acostumbrarás. Siempre que vayas a la contra, estarás acertando.

Sé que suena extraño leer que todo por lo que luchas es ilusorio: sueños, metas, deseos, esperanzas, recuerdos, identidades, experiencias, logros, legados… Pero escribí este libro para terminar con el sueño, no para alimentarlo. Mas no te apures, detrás de todo eso hay algo mucho mejor.

¿No es extraño que durante tanto tiempo hayas creído que eres tu cuerpo, tu mente, tus pensamientos, tu historia? Por fin, eres consciente del observador y de la observación. Es hora de que tomes partido: ¿cuál crees que es real? Este parece un mundo de personas, y en realidad se trata de un mundo de entidades ficticias. Hemos creado un teatro y, para darle uso, lo llenamos con personajes creados junto con sus historias.

Una vez fabricado el ego, se produce un autoensimismamiento. El autoapego al "yo inventado" hace que la sola idea de deshacerse de él provoque ansiedad. Tu ego es el protagonista de tu película… pero entonces ¿quién está viendo la película? Si vas a un cine, tú eres el observador que contempla la ficción. Ahora bien, ¿quién contempla al personaje que tú crees ser? No me gustaría que semejante desidentificación te abrumara, pero imagino que te vas acercando a la respuesta correcta. La buena noticia en todo esto es que no puedes ser ambos a la vez.

Seguro que, cuando vas al cine y ves una angustiosa película de terror, te recuerdas a ti mismo que es solo una película, para tranquilizarte. Pues bien, te recomiendo que hagas exactamente lo mismo fuera del cine, cuando tu vida se ponga tensa: recuerda que es solo una ficción. No es real.

El yo personal sueña, incluso puede soñar con la felicidad, pero eso no le hace feliz. Sin embargo, para que el yo personal despierte al Yo impersonal antes es preciso haber soñado que se es feliz. Descubrir la posibilidad de que hay algo muy diferente a lo conocido es el mayor signo de madurez del ego. Cuando el ego sospecha que puede haber algo mejor, ha alcanzado el máximo de claridad al que le es dado llegar.

Soñar felizmente es una fase intermedia e imprescindible para poder despertar, pues despertar desde el sueño infeliz es del todo imposible. En medio de una pesadilla no hay atisbo de esperanza. Es preciso tener un vislumbre de la felicidad, albergar la sospecha de una solución, para crear esa posibilidad.

Si te preguntas de qué o a qué despertamos, mi respuesta es: de lo que crees ser y a lo que eres en verdad.

El coach iluminado, acude en ayuda de seres durmientes que se atribuyen un gran mérito: saben que algo no anda bien y deben ponerle remedio; por eso acuden a un coach, como podrían acudir a un sacerdote o a un psicólogo. Quien se mueve en este mundo es un demente, un obseso de la separación y la dualidad. Y como se hace con los sonámbulos, el coach se extrema la precaución para no sobresaltarle, pero tampoco permite que se suma en un sueño eterno. Escuchará a su ego con respeto pero evitará creerle, no olvidará que es su ego quien está hablando. Y mirará más allá de ese ego para poder ver a su cliente.

Quiero tranquilizarte. La divinidad que te ha creado tiene un Plan infalible para tu despertar. El final es seguro, volverás a la luz, te iluminarás. No hay discusión al respecto, el final es ineludible. Así que tranquilízate y no te desesperes si ves a otros profundamente dormidos, porque el Plan es para todos.

En todos nosotros hay una naturaleza divina. Mejor dicho, todos nosotros formamos parte de esa naturaleza. El budismo la denomina naturaleza búdica. Saber esto está bien, y aplicarlo al día a día está aún mejor. Recuerda cada día tu elección de no considerar la experiencia como algo personal. Solo cuando te observas desde la visión impersonal regresas al Uno y te retiras de todos los conflictos del ego separado. Cuando no te tomas tu vida de forma personal, la paz es tuya porque te la das a ti mismo.

14. CREES EN LOS PENSAMIENTOS

Los humanos nos creemos nuestros pensamientos.

La primera vez que maduré esta idea tan chocante experimenté un instante de "ajá". Qué revelador, nunca antes había pensado que uno pudiera ver sus pensamientos como una falsedad (si los piensa es porque cree en su verdad). Qué liberación: no hay nada que defender, pues. Concluí que no se confiere verdad a lo que uno piensa y cree por el mero hecho de pensarlo y de creerlo; todo es material mental… y probablemente no tiene nada que ver con la realidad.

Desapegarse de los propios pensamientos es muy liberador. Entre otras razones, porque los pensamientos hacen referencia a otros pensamientos previos. En consecuencia, en este ámbito solamente hay opiniones acerca de otras opiniones que ya eran opiniones sobre otras previas. Los conceptos se amontonan como "chatarra mental" en un inmenso y caótico taller de desguace.

El problema aparece cuando la mente cae enferma por culpa de la lucha entre lo que le gusta y lo que no le gusta. La separación surge de la polaridad mental: "esto me gusta, eso no me gusta", "esto no debería estar pasando", "esa persona debería ser diferente", etc. La mente separada cree que puede atacar a otros personajes del sueño, pero al ser eso imposible su ataque se revierte en el cuerpo para crear una enfermedad y así conoce el dolor que debe sanar en ella.

Confieso que, hasta ese día en que exclamé "¡Ajá!", había vivido apegado a mi discurso mental. Confiaba en mi buen juicio. Entiéndeme, no reniego de utilizar la mente; solo digo que es una herramienta, pero no mi identidad. Al desvincularla de lo que Soy, no tengo ningún problema en cuestionar mis pensamientos y creencias. Si alguien ataca mis pensamientos e ideas no me ataca a mí, porque son cosas diferentes.

La gente cree que es libre, pero en realidad es esclava de sus pensamientos.

No digo que las personas no puedan tener sus opiniones pero sí defiendo que no las crean como verdad última. Las cadenas mentales que esclavizan al ser humano, aunque invisibles, son más fuertes que el hierro.

Cada persona que busca la felicidad en este mundo cree en la realidad de lo que elige creer. Mientras se pierde en su confusión, sigue desperdiciando su vida fabricando discusiones mentales en su cabeza.

Este libro apunta a la verdad, pero no es la verdad. Es cháchara mental vertida en el papel, aunque debido al tema que aborda (la iluminación o el despertar) se puede considerar chatarra útil. Como ya se ha dicho, lo único que podemos hacer es escribir libros y más libros sobre lo que pretendemos conocer.

Usar la mente es positivo, pero creer que somos nuestra mente es un gran autoengaño. La herramienta no es el artesano, por mucho que este la use. La mente es una herramienta dentro del sueño y, también, una trampa de autoidentificación en la que resulta fácil caer. La trampa consiste en creerte tus pensamientos (y cuanto más los piensas más te los crees).

Si la mente es una herramienta creativa dentro del sueño ¿cómo va a llevarte a despertar?

La mente perceptiva es apenas un paquete de pensamientos. La Mente Uno del observador está libre de ellos y en su lugar dispone del conocimiento.

Como decía, hasta aquel famoso día había considerado que mis pensamientos se acercaban a la realidad o al menos que se orientaban hacia ella. Pero entonces me di cuenta de que forman parte del sueño (estamos soñando que pensamos y lo pensado es también parte del sueño). Por fin entendía aquello de "no te vayas a creer lo que piensas"; no deja de ser una ilusión dentro de otra ilusión.

Un sueño da pie a otro sueño como una inspiración sigue a una espiración.

Ahora entiendo que cuanto más pensaba y buscaba respuestas mentales, más me hundía en el sueño, más dormido me quedaba. Ahora sé que el pensamiento es la racionalización del sueño, su justificación mental; y que se convierte en la narración del guión peliculero de la vida.

Que pienses algo y que lo creas firmemente no significa nada, ni tan siquiera si dispones de "pruebas". Tu "percepción selectiva" buscará dentro del sueño aquello que sirva para confirmarlo y descartará lo que lo contradiga. Elige cualquier tesis y te aseguro que encontrarás una larga lista de pruebas tanto que la confirman como que la contradicen. ¿Y cómo puede ser eso? Es la manifestación de esta ley: nada en el mundo tiene ningún significado salvo aquel que tú decidas darle.

El pensamiento es percepción (un símbolo) y el lenguaje que usas para articularlo es otro símbolo, pero eso no implica que la percepción sea una realidad. Recuerda aquello de que "el mapa no es el territorio" (lo que piensas no es la verdad).

Y llegamos a la tesis de este capítulo: no existe ningún pensamiento que sea verdadero. Indudablemente, algunos apuntan hacia la realidad, pero solo poseen sentido de la dirección, no autenticidad. ¡Oh! Y, sin embargo, suceden cosas como estas:

- La gente se cree sus conversaciones mentales (todo es una pura invención).
- Emite juicios y valoraciones innecesarios (creyéndoselos).
- Busca opiniones que confirmen las suyas (y las encontrará).
- Tiene fe ciega en su pensamiento porque es suyo (cree en lo que inventa).
- Cree su historia (de la cual es protagonista).
- Inventa elaborados argumentos (guiones que son castillos de naipes).
- Cree poseer la verdad (tener razón es la meta).
- Juzga a quienes no comparten sus creencias (condena y ataca al disidente).

Es como caer dentro del pozo de la mente y quedar atrapado en un mar de conceptos que vienen y van. Conversaciones y discusiones mentales que no se verbalizan, pero que martillean en el inconsciente. Un naufragio mental en el que apegarse a los propios pensamientos es la fuente número uno de sufrimiento.

La respuesta del amor es la inversión del pensamiento como paso previo a dejar de creer a ciegas en los pensamientos elaborados por la mente separada. Has pensado alrevés durante tanto tiempo que ahora ya no recuerdas lo que es el pensamiento recto. Por fortuna, Dios conserva un espacio en tu mente y en ese espacio de cordura la mente puede despertar. Pide recordar, con lo que implícitamente estarás asumiendo que olvidaste algo y que es posible recuperarlo. La buena voluntad de querer recordar será suficiente para desencadenar la inversión de tus pensamientos.

> *Como coach iluminado entiendes que tener pensamientos no es el problema, pero que apegarse a ellos sí lo es. Tomárselos en serio, creer en ellos, genera una confusión tal que impide orientar la mente hacia la realidad. El coach despierto sabe que los conceptos no tienen nada de malo, son insustanciales, por lo que anima a sus clientes a no identificarse con ellos.*

Pero un día, de repente, tienes un *insight*, una epifanía. No se trata de un pensamiento más (elaborado, inventado, imaginario), es una verdad que te atraviesa y que instaura un espacio de silencio en medio de esa ruidosa cháchara mental. Es una vislumbre fugaz que te revela lo increíbles que son todos tus pensamientos. Sí, todos. Y no es un pensamiento más; es un no pensamiento y por ello tiene credibilidad. Es una sensación de verdad indiscutible. Y no importa que dure un nanosegundo, porque te ilumina de por vida: gracias a ella, descubres que vivías sin contacto con la realidad, en un estado mental fantasioso.

Descubres que no existe tal cosa como "pensamientos privados", pues aquello que no se comparte muere antes de haber nacido. Tu mente es parte de la Mente de Dios, y solo lo que Allí tiene lugar posee el don de la realidad, el resto es una fantasía imposible.

Y en ese instante dejas de ser un esclavo de tu mente y de todos sus contenidos.

15. LIBERTAD INCONDICIONAL

Vivimos aún como esclavos, solo que hemos mejorado las condiciones.

En palabras del místico contemporáneo Jan Kersschot: *"Si estás buscando la llave de la Liberación tengo buenas y malas noticias que darte. Las malas son que no hay llave para la Liberación. La buena nueva es que han dejado la puerta abierta"*. Sí, exacto, la libertad es una decisión personal. Nadie puede proporcionártela, excepto tú mismo.

En otras palabras, ahora las mías: un día saliste de casa (un palacio), pero pronto olvidaste dónde vivías y te acomodaste entre cartones junto al cajero automático de una sucursal bancaria. Creíste ser mendigo, alguien carente de recursos, un sintecho. Pero un día este libro, o uno parecido y seguro que mejor, cayó en tus manos y recordaste por fin quién eras y dónde vivías; y regresaste a casa. La puerta estaba abierta, no precisabas de llave ninguna. Tu palacio. Comprendiste que la meta y el punto de partida coincidían. Fin de la historia.

La libertad incondicional, exenta incluso de condicionantes, consiste en deshacerse de todas las características del yo inventado, el ego o la personalidad (si le llamas "carácter" también entra en esta lista). Porque cualquier entidad inventada es una limitación autoimpuesta de la libertad. El precio de inventarte una identidad es la libertad.

Así como no hay condiciones para la verdadera libertad, tampoco las hay para la iluminación.

La libertad incondicional es fruto de consagrar todos tus pensamientos al amor, de retirar el control al ego, de vivir una vida impersonal… Todo esto puede parecerte un precio excesivo, pero no es nada en comparación con la recompensa que obtienes: la ansiada libertad.

Medita en estas preguntas…

- ¿A quién le apetece descubrir que ese personaje por el que ha luchado toda su vida no es real?
- ¿Quién se atreve a asumir la responsabilidad exclusiva de su sufrimiento?
- ¿Cuántas personas conoces que deseen liberarse del control de los demás y de la opinión ajena?
- ¿Quién aceptará reconocer que es un adicto a sus pensamientos y que estos además no son verdad?
- ¿Cuál es el precio por defender una imagen autocreada?

Si el ego es el problema, entonces el egocidio es la solución. El egocidio es un proceso de demolición y de desmoronamiento. Sé que no es popular, sino que por el contrario resulta muy incómodo; por eso, el 99,99% de la gente prefiere seguir durmiendo en brazos de su ego, arrullado por su nana mortífera. Sé que despertar supone un desafío, te hace enfrentarte a la autorresponsabilidad y al autoconocimiento.

Es hora de pasar a otra cosa. *Bye, bye*, victimismo.

Iluminarse consiste en liberarse; no consiste en tratar de ser feliz.

Quiero que sepas que hay algo mucho mejor que la felicidad para aquel que sabe quién es. La felicidad solo es una hermosa fantasía dentro del sueño.

Vives en un planeta de adictos a sí mismos que adoran a sus elaboradas personalidades. Lo que se dice "ser uno mismo". Y cuando uno es adicto a "sí mismo", necesita dosis crecientes de "sí mismo", de ego (y de todo aquello susceptible de reforzarlo), al igual que un yonqui. Sé que soy duro, pero también sé que el ego lo es aún más.

Tal vez el hábito de sufrir ha creado una adicción (al sufrimiento) que necesita su dosis diaria de dolor interior, como le sucede a un drogadicto. Y cuando se le ofrece una cura de desintoxicación, prefiere mitigar las molestias de la adicción antes que curarse de ella.

Pero, entonces, ¿por qué el sufrimiento podría ser mejor que despertar? Muy sencillo: para dejar de sufrir hay que prescindir de la idea loca de la separación. Y eso para el ego es morir. El ego deduce que, si para seguir siendo una entidad diferente y separada hay que sufrir, en tal caso es mejor sufrir que desaparecer.

Libertad de tus deseos no significa que no desees nada, sino que te desapegas del personaje que desea. Los deseos no tienen nada de bueno ni de malo. Pero apegarse a ellos supone una condena que te priva de la libertad. La receta última para la liberación sin condiciones es el "desapego iluminado" o deseo sin apego.

Si solo te deshaces de tus deseos, pero sigues creyendo en tu falsa identidad, solo llevas a cabo una renuncia o un sacrificio. Pero si renuncias al sujeto de esos deseos, entonces te liberas y despiertas por completo. A partir de ahí, observas al sujeto y contemplas sus deseos como una madre o un padre disfruta de su hijo, que anhela divertirse con sus juguetes.

Renunciar al objeto no te liberará, puesto que lo que te esclaviza no es la cosa deseada sino el sujeto que desea (somos esclavos de una falsa identidad que imagina que le falta algo para estar completa).

Solo te liberará renunciar al sujeto. ¿Y cómo se renuncia al sujeto?, te preguntarás. Te respondo con otro interrogante: ¿quién está ahora mismo haciendo esa pregunta? Exacto: el sujeto. Es mucho más fácil… Basta que mires con amor y compasión a quien crees ser. Has de saber que quien eres es libre y siempre será libre. Esa pregunta solo puede formularla un yo confundido acerca de sí mismo.

> *El coach iluminado ayuda a las personas a entenderse a sí mismas, a profundizar en sus deseos y a aclarar para qué los quieren. Y, en última instancia, a determinar qué parte de sí mismos quiere lo que desean. Si después consiguen sus metas, mejor que mejor; pero el gran logro es recuperar el poder personal y renunciar a la fuerza del ego.*

Ya eres todo, por tanto ya tienes todo (incluida la libertad). Y si reclamas más libertad para ti, debes saber que quien lo hace es el yo ilusorio que cree carecer de algo. La forma de proporcionarte esa libertad es desprenderte de ese mismo yo ilusorio.

La libertad es dejar de estar encerrado en un sueño.

Uno de los conceptos que más me han ayudado a entender la vida es el de dejar que la vida se despliegue. Mira la naturaleza: no piensa, solo actúa; hace lo que sabe hacer y lo hace muy bien, sin esfuerzo. Solo el ser humano entorpece su despliegue con un exceso de pensamiento al tratar de controlar del proceso de la vida; es entonces cuando lo pone en modo pausa.

Debes permitir el despliegue del infinito potencial que hay en ti. Adéntrate en eso.

16. EL MUNDO ESTÁ EN TI

Es hora de poner boca abajo tu visión del mundo.

He aquí una superstición: "tú estás en el mundo". Si eso fuese así, , tu mente también estaría en el mundo (el supuesto general es que la mente está en el cerebro, el cerebro en el cuerpo y el cuerpo en el mundo).

¿Parece lógico verdad? Todos te dirán que la mente está en el cuerpo (concretamente en tu cerebro); y, si eres religioso, además te dirán que el alma (una suerte de espíritu individualizado o egotizado) está en el corazón… o algo por el estilo. Parece que todo tiene que estar en algún sitio, algo que al ego le resulta tranquilizador.

Más o menos, así es como te han hecho verlo hasta hoy: las mentes habitan en un cuerpo, el cual trata de controlar el mundo…

Es un paradigma como cualquier otro, y desde luego hay otros, vamos a probar de otro modo:

Tu mundo está en ti, no tú en él. Imagino como se te queda el cuerpo…

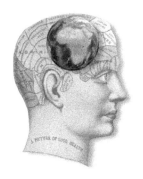

Y si no eres un cuerpo y no estás dentro de un cuerpo, entonces será el cuerpo el que está en ti. El mundo está en ti y todas tus aventuras en el planeta Tierra están en ti (el Observador de tu ego).

¿Hay alguien viviendo en tu cuerpo (o en tu cabeza)? No, no hay en nadie en casa por una sencilla razón: el cuerpo no es tu casa. Es el mundo el que está en ti... no al revés.

Profundicemos, porque imagino que ahora mismo estás bastante confundido.

La premisa básica para entender este nuevo paradigma es comprender que la mente personal no está dentro de tu cerebro. Es no local. Tu mente es infinita y usa tu cerebro como herramienta receptora, al igual que un programa de radio utiliza un transistor para ser sintonizado.

Vamos a ver, tu vida no está ocurriendo en el mundo; más bien, el mundo está ocurriendo en tu conciencia. Olvida la idea de que eres alguien que camina por este planeta tratando de conseguir la felicidad. Eso es la película que proyectas en la pantalla del mundo material, es una mera historia. Seamos serios: todo se crea en otro plano (realidad espiritual) aunque se refleja en este (virtualidad mundana).

- **La persona común** cree vivir en un cuerpo y percibir desde su cerebro. Se confunde con su mente. Y confunde a ésta con su cerebro. Es la visión más primaria y limitada. Al menos, eso le enseñaron y, como parecía razonable, lo creyó. Vive en el cuerpo.
- **La persona lúcida** es capaz de hacer disociación de sí misma,

puede verse "ahí afuera" al margen de su cuerpo y se siente
como una presencia en el mundo. Es capaz de
desidentificarse de su cuerpo apenas durante unos instantes
de cordura. Vive en el mundo.

- **La persona despierta** ha entendido que tanto su cuerpo como
el mundo están en su Ser, que los crea. No está en un cuerpo,
sino que su percepción de sí misma es una holografía que
"contiene" ese cuerpo y ese mundo. Vive en la realidad.

Es tu mundo el que está en tu mente. Es tu vida la que está en tu
mente.

También tu cuerpo está en tu mente. Lo veías todo al revés.

Y si lo deseas, a partir de hoy así es como lo verás: una Mente ubicua,
pura consciencia, crea un mundo virtual local y lo proyecta en la
dimensión de la forma (espacio-tiempo).

¿Y por qué haría eso? Porque la Mente Uno, en un ejercicio de creatividad, fantaseó con la posibilidad de que existiera este mundo de la
forma para experimentar qué sería la separación. Solo para experimentar una hipótesis, no porque creyera que fuera posible, pues la
consciencia no cree en lo increíble.

¿Te has preguntado cuál es el origen del mundo? Para hacerlo, ten en
cuenta que en el sueño:

- Ningún pensamiento es neutro.
- Todo pensamiento crea efectos.
- Esos efectos se perciben en el mundo de la forma.
- Lo que te muestran da fe de su verdad o falsedad.

Detengámonos, por su importancia, en estas tres reflexiones. Quién
desconoce su naturaleza, y el poder de la mente, podría pensar que
hay pensamientos sin efectos, pero eso es del todo imposible. Un
pensamiento tiene dos posibilidades: conformar el mundo falso o

reconocer la realidad, según si procede de la mente separada o de la Mente Uno. En ambos casos, tendrán efectos.

Todo es fruto de un instante de duda inocente. Y en ese instante brotaron en la consciencia varias preguntas, que eran una:

1. ¿Qué sería lo opuesto a lo que Es?
2. ¿Cómo sería la separación y la dualidad?
3. ¿Qué sería tener forma en un mundo de formas?

De ese instante de suposiciones imposibles, nació este mundo 3D para experimentar esas hipótesis. Pero repito: todo eso no eran más que suposiciones imposibles (de las cuales surgió todo lo que conocemos como "realidad"). Este punto es muy importante para entender que lo que parece ocurrir en verdad nunca ha ocurrido (la duda inocente ya se resolvió) y por tanto no tiene efectos reales.

Si te das cuenta, estoy describiendo un sueño de la consciencia que dio paso a los múltiples niveles de conciencia. Y si de una idea alocada nació (*Big Bang*) este mundo tan espectacular, trata de imaginar el poder creativo de una idea verdadera. ¿Qué tal va el empacho de realidad? Sigamos, tengo algo más para ti…

Este es el origen del mundo:

Una suposición tan inocente como imposible que ha tomado forma para expresar lo imaginado dentro de la Mente, ahora dividida, durante un nanosegundo (transcurrido el cual volvió a la Unidad)… y así se vio (soñó) "fuera" de la misma. El sueño ya ha acabado, aunque da la impresión de estar durando una eternidad. El mundo es la respuesta a una pregunta imposible.

Como consecuencia, hubo que inventar un escenario irreal (el universo) para representar lo imposible. De otra forma, ¿cómo iba a ocurrir lo que nunca ha ocurrido salvo como duda fugaz en una Mente que eligió dudar un nanosegundo? ¿Lo has captado? ¿Te haces una idea de la magnitud de esta Matrix que estamos experimentando?

> *El coach iluminado entiende desde otro paradigma a su cliente y su mundo. Por eso lo ve desde fuera de Matrix y puede ayudarle a superar sus paradigmas limitantes. Así podrá conducirle hacia arriba en la escalera de evolución de la conciencia, hasta un peldaño donde esta deja paso a la consciencia. Y el cliente, entonces, ya no necesitará más acompañamiento. Por vez primera, será capaz de ver por sí mismo.*

El mundo de la forma es una proyección muy convincente (*IMAX 3D, blu-ray, dolby surround, 4K, UHD*; es decir, con una gran definición) de una suposición alocada que se corrigió nada más formularse. En realidad, no hay ningún problema porque la suposición que creó el mundo (la separación) ya está corregida. Sin duda, las consecuencias o efectos son espectaculares y muy aparentes, pues parece real. Y como el cuerpo y los sentidos están dentro de la ficción, y son parte de ella, no harán más que confirmar la ilusión creada (como ocurre en un truco de ilusionismo, en el que los sentidos son cómplices del truco).

El mundo es la respuesta a una pregunta imposible.

Y como te debo un final feliz (toda historia de ciencia ficción debe tenerlo), he de anunciarte que ya está resuelto aquel inocente malentendido: el mundo es un sueño, o una suposición, de una parte de la Mente que entró y salió del delirio. Apenas nada más, pero tampoco nada menos. El mundo está en tu mente.

17. SIN LIBRE ALBEDRÍO

Todas las personas creen tomar decisiones, pero están engañadas.

En este capítulo te mostraré que solo hay una elección posible, la cual no es una elección siquiera. Para ilustrarlo, imagina una persona frente a su vestidor por la mañana, tratando de decidir qué ropa va a ponerse. Parece que hay muchas opciones, pero en realidad solo hay una elección: vestirse o no vestirse.

Por ejemplo: Giorgio Armani, Steve Jobs y muchos otros se dieron cuenta de esto, y eligieron vestir siempre igual: mismas prendas, mismos colores... se dieron de baja de la fantasía de elegir. Entendieron que, en esencia, o te vistes o no te vistes... punto. Lo que te pongas encima, en realidad, es secundario.

Y así sucede también en la vida, solo hay una decisión. Veámoslo.

Juzgar es algo en lo caemos con facilidad, creemos saber qué es lo mejor para los demás sin saber qué ocurrió en su vida antes de hoy y qué les aguarda a partir de mañana... El juicio es un efecto de la separación. Cada vez que juzgamos confirmamos nuestra creencia en la separación.

Pero voy a revelarte algo que te permitirá contemplar su inocencia… Todo el mundo hace lo único que puede hacer dado su nivel de conciencia en un determinado momento. Nadie decide nada, somos fruto de la programación.

Sí, estamos totalmente condicionados, programados, y eso significa que no tenemos libre albedrío, sino un condicionamiento absoluto. Nadie puede dejar de comportarse tal como hace, dada su mentalidad y sus creencias conscientes e inconscientes (programa). Visto así, lo que haga o diga cualquiera es completamente predecible en virtud de su programación. No puede hacer, decir, sentir de otro modo; ya que todo eso es un efecto inevitable de una causa original: su programación mental, su nivel de conciencia.

La única elección que podemos plantearnos es decidir si deseamos el actual sistema de creencias o no. Y aún así es complejo reconocer que este existe, porque es invisible.

Lo entenderás mejor con este ejemplo: un pez no puede decidir sobre la conveniencia de cambiar o no el agua de la pecera, porque no sabe que está en una pecera. Nuestro contexto mental determina nuestra vida, pero no es eso lo que vemos sino sus efectos en nuestra vida. Hay un punto ciego en cada uno de nosotros que nos impide ser conscientes de que nosotros creamos todo lo que nos ocurre.

Por eso la gente habla de la suerte, providencia divina, mal karma, destino… Supersticiones. Carl G. Jung lo dejó bien claro: *"Si no haces consciente tu inconsciente, este seguirá gobernando tu vida y le llamarás destino"*. Impecable.

Podemos elegir cambiar el condicionamiento (es la única decisión real), pero no podemos decidir sobre ningún asunto mundano de la existencia en cada nivel de condicionamiento. Cada nivel de conciencia es un pack cerrado de experiencias, de resultados inevitables y de consecuencia previsibles. Tratar de cambiar los efectos sin abordar las causas es una auténtica locura. El condicionamiento no hace excepciones.

Como verás, la inmensa mayoría trata de cambiar el mundo (los efectos) sin cambiar las causas, por lo que deducirás con gran acierto que el mundo está loco, loco, loco... Un inmenso manicomio a cielo abierto y sin puertas.

Todos estamos condicionados. Sin libre albedrío. Con libertad cero.

Todo ser nacido tiene un destino del que no puede escapar, al menos desde su nivel actual de conciencia. Su única opción de cambio es ascender en la escalera de la conciencia. Una conciencia superior tiene acceso a unas experiencias muy diferentes a las que vive una conciencia inferior. Ninguna es mejor que la otra: son condicionamientos mentales diferentes con resultados muy diferentes. Ninguna es más real que la otra: todas forman parte del sueño.

Permíteme una analogía: en una película, los actores solo pueden seguir su papel, no pueden ser otra cosa. El guión está escrito y ellos se avinieron a representarlo. El guión no se puede mejorar, pero sí se puede interpretar otra película. Los mejores actores de Hollywood eligen sus papeles, mientras que otros actores (con menos poder) aceptan cualquier personaje. En tu presente vida, tu nivel de conciencia se corresponde con un guión y no puedes salirte de lo escrito a menos que eleves tu nivel de conciencia. Pero recuerda: un guión siempre es una historia.

Ya te he dicho anteriormente que la única decisión posible es despertar o no. Ahí se acaban todas las películas, los buenos y malos papeles. Hasta que eso no ocurre, toca (sí o sí) representar viejos papeles siguiendo una interpretación sobre la que no se tendrá poder alguno. Es lo que llaman Samsara o rueda de la vida.

Cualquier decisión sobre los asuntos mundanos es una fantasía de elección sobre una fantasía de resultados. Recuerda que dentro del sueño nada es real, así que cualquier cosa que se decida es otra irrealidad.

> *El coach iluminado sabe perfectamente que ninguna de las personas que acuden a él tiene libertad de albedrío, dado su bajo nivel de conciencia. Y sabe que esas personas solo tienen libertad para despertar o seguir soñando. Dentro del sueño, tomar decisiones es soñar que se puede elegir. Pero el coach consciente sabe que nadie tiene elección a menos que eleve su nivel de conciencia. Y en eso se centrará el coach iluminado, porque como buen profesional va a la causa real y no se conforma con maquillar los efectos.*

El libre albedrío es un cuento chino que se creen los que duermen profundamente.

Recuerda, solo puedes decidir si despiertas o no, el resto es pura fantasía. Cuando creas que decides y haces elecciones, recuerda que no tienes esa libertad porque aún no te la has dado. Si quieres conquistarla, deberás sustituir la percepción por el conocimiento; y eso es algo que ocurre en el más elevado nivel de conciencia, en el despertar.

Si no estás convencido aún, piensa en quién discute sobre si tiene elección o predestinación. Exacto, es tu ego, tu mente condicionada, tu yo irreal… Y ese debate es tan surrealista como discutir la temperatura del agua de un lago en un espejismo, como apuntó el místico Chuck Hilling. En un espejismo, el agua no tiene ninguna temperatura, porque simplemente todo lo que aparece en él es una ensoñación. Entonces, ¿qué sentido tiene decidir cambiar lo que no existe?

Qué alivio y cuánto ahorro de tiempo: no hay nada que cambiar.

18. LA IDENTIDAD ES UN CONCEPTO

Conócete a ti mismo.

Lamentablemente, no solo desconocemos quién es la persona que tenemos delante, sino que también desconocemos nuestra propia identidad. De hecho, hasta que alguien no se conoce a sí mismo, le resulta imposible reconocer a los demás. Dicho de otra forma: es gracias a la interacción con los demás como uno puede enfrentarse a su identidad.

Cuando sabes quién o qué eres, por extensión sabes quién o qué son los demás, y entonces todos los conflictos se desvanecen… ¡No hay nadie con quién pelear! La idea de quién crees ser no es más que un concepto que se evapora al despertar a la no dualidad.

En medio de la historia, somos conceptos que interactúan con otros conceptos, de la misma manera que los personajes de un guión de ficción interactúan con otros personajes igualmente ficticios. Un concepto solo puede existir en la mente pero no en la realidad.

Vivimos en un mundo conceptual, ilusorio, rico en conceptos que apenas son ideas sin contrastar. Y todo concepto desaparecerá, como surgió: en un suspiro. En ese mundo hay infinidad de personajes, cada cual con sus historias. Conceptos que alimentan más conceptos. Personajes que reafirman a otros personajes. Historias que dan pie a más historias.

La realidad aún es una dimensión desconocida para la humanidad. Si te preguntas quién eres, espero que no te respondas con algo tan vago como: "Soy un ser humano", "una persona", tu nombre, tu profesión, tu estado civil… o algo similar.

Disociarse de la identidad resulta muy útil. Veamos un ejemplo: cuando te enojas con alguien y él contigo. En realidad, ninguno de los dos tiene la más mínima idea de lo que está ocurriendo. Crees que hay alguien ahí afuera con el que poder discutir. Crees que existe un problema entre los dos…. pero aquí está la clave: ¿qué dos? No hay dos, sino el Uno fragmentado en figuras de barro.

Disóciate de tu ego y mira más allá del ego del otro. Y te reconocerás.

Imagina que tu perro se ha enzarzado con el de otra persona; esto es una analogía de vuestros egos. Pero vosotros, los dueños de los dos animales, no os enfurecéis, simplemente pedís disculpas. Tampoco castigáis a vuestros perros, pues ellos son inconscientes y en su naturaleza primaria está ladrar y pelearse.

En toda discusión, dos conceptos están enfrentándose en busca de tener razón. Allí no hay nadie real peleando, solo hay dos conceptos enganchados. Por eso todo es un malentendido. Ninguno de los protagonistas ficticios del conflicto sabe que él es irreal. Existe la sensación de un yo contra un tú, pero en realidad se trata de un concepto enfrentado a otro concepto.

Resumiendo (esto es lo que pasa): un concepto se ha enfadado con otro concepto. O, expresado de otra forma: nadie se ha enfadado con nadie. Vuestros *Yos* reales están a salvo porque nunca podrían discutir ni pelearse. ¡No están separados!

Quédate tranquilo: en tu próxima discusión o pelea ten presente que solo dos conceptos pueden protagonizar un enfrentamiento. Vuestro Yo real no puede atacar ni ser atacado. Todo conflicto, incluidas las guerras, son un malentendido.

En una discusión, un concepto se enreda con otro concepto, pero nada ocurre entre quienes son en verdad. Cero conflictos. Todo es un malentendido que en algún momento se aclarará. Considéralo así la próxima vez que creas tener un problema con alguien. Nadie se está peleando, se trata de un par de conceptos que se han enganchado, nada más.

En un mundo no dual no puede haber conflictos. No hay contrarios.

Entonces ¿quiénes somos? Consciencia pura de la que emergen, como burbujas efímeras, todos esos conceptos no permanentes, en un juego inocente que trata de demostrar su ilimitada creatividad.

Entonces ¿qué somos? Presencia perfecta que observa a la mente en su actividad de autodescubrirse y de despertar del laberinto del mundo para regresar a la realidad.

No somos un cuerpo. No somos una mente. El paquete cuerpo-mente es tan ilusorio como un cuento infantil. El autodesconocimiento es el único problema de la especie humana. Y la autorrevelación es la única solución a ese único problema.

La mente fabrica conceptos a los que después se aferra. Pero, dado que la mente misma es a su vez un concepto, ¿de dónde procede esa mente-concepto?

Veamos las implicaciones de esta idea:

- Tus pensamientos son solo conceptos desvinculados de la realidad.
- Tu mente es un concepto de la Mente (Uno) que tuvo una duda inocente.

- Tu vida es un sueño dentro de otro sueño (la separación).
- Tus explicaciones mentales están por ello doblemente alejadas de la realidad.

Me temo que eres un concepto que colecciona conceptos. Y cuantos más manejas, más confuso se vuelve todo. Al final uno ya no sabe qué creer. Bienvenido al despertar: cuestiónalo todo para poder escapar de la trampa conceptual.

Cuando no entiendas nada, estarás más cerca de la iluminación, porque te aseguro que el mundo es increíble.

> *Como coach iluminado reconoces en tus clientes a personas que se han posicionado como una "persona separada", por supuesto "diferente", y que está en el mundo tratando de resolver sus problemas o buscando la felicidad. Esa loca suposición trae consecuencias: dentro del laberinto conceptual no hay respuestas. Es un gran lío que un coach convencional no puede resolver. Pero tú estás ahí para permitir que la luz ilumine a tu cliente. Y vas a acompañarle mientras pasa de la percepción al conocimiento. Lo primero que harás es no creer lo que tu cliente te dirá: "El mío es un caso especial". En un mundo en el que todos dicen ser especiales, nadie es especial.*

Nunca te faltará una palabra de consuelo, de ayuda o de alivio para cualquiera que acuda a ti. Todo aquel que te es enviado llega para crear una experiencia educativa que tendrá un provecho máximo para ambos. Y cualquiera que sea el problema que se te plantee, en realidad es una versión del único problema que tiene la humanidad: no recuerda quién es. Desconoce su identidad real. De hecho, el ser humano es un farsante que suplanta, con un ego, su divinidad.

Somos Presencia impersonal. Algo mucho mejor que cualquier "yo mejorado" imaginable.

Pero no es el yo (el ego) el que puede despertar, porque ese concepto es parte del sueño; sino nuestro Ser, que finalmente sale del ensimismamiento que le provoca su propia creación y da por acabada la historia.

Si lo has asimilado, puedes pasar al siguiente capítulo.

19. EL MITO DE LA ILUMINACIÓN

Cada mañana, cuando sale el sol, media humanidad se ilumina.

Con esta afirmación solo pretendo que te deshagas de cualquier expectativa mística que puedas tener al respecto. Quiero bajar a la tierra este concepto que se ha idealizado en exceso. Por lo común, cuando se habla de esta cuestión la gente se imagina levitando en un estado de éxtasis sin fin. Pero en este plano material no creo que puedas dar con la perfección, ni siquiera cuando se trata de la iluminación.

Creo que se sobrevalora el concepto de la iluminación. Y aunque uso esa palabra porque es un término muy utilizado, me gusta más la palabra "despertar". En este libro utilizo ambos vocablos alternativamente como sinónimos. Arriesgándome así a que los "expertos en iluminación" se enojen conmigo y me juzguen como un oportunista; pero si eso ocurriera, entonces no estarían tan iluminados como afirman.

Una persona iluminada no levita ni desprende luz como un led, ni sonríe a todos continuamente. Todo eso son mitos *new age* (el *fast food* basura de la espiritualidad). Me temo que es una invención más del ego para acentuar la separación, incluso cuando su objetivo es precisamente ¡conseguir la unidad! Es su trampa para que no llegues a despertar jamás.

Piénsalo: si no hay nadie real aquí, si el ego es un concepto inventado, una fantasía de la mente... entonces ¿cómo va a iluminarse? ¿Lo ves? Es contradictorio: nadie no puede hacer algo, ni siquiera iluminarse.

El concepto de "crecimiento personal" también es contradictorio, porque la realidad es impersonal. Y ¿a quién le interesaría que creciera aquello que en realidad necesita disolver?

Una vez más:

- Nadie quien ser o convertirse.
- Ningún lugar al que ir.
- Nada que hacer o conseguir.
- Nada que aprender.

Adiós a las técnicas, los procesos, los esfuerzos y los ejercicios... Menudo respiro. la vida no es un examen, un circuito de resistencia, o un valle de lágrimas.

Esto es muy tranquilizador: nadie puede ser mejor de lo que ya es, al margen de sus aventuras en el planeta Tierra. No puedes hacer nada para convertirte en lo que ya eres. No puedes tratar de ser espiritual, porque no puedes dejar de serlo. No hay nadie que no sea espiritual.

En la búsqueda inútil, puede que te asignen un mantra y que recibas un nuevo nombre o alias, pero toda esa parafernalia es *atrezzo* espiritual. Es apenas un nuevo papel del personaje interpretado por el actor que ahora coquetea con el misticismo. Con esta afirmación no pretendo ser irreverente, sino práctico.

No hay nada esencial que aprender con la mente. Más bien hay que desaprender, porque tu tarea es únicamente despertar, y con eso basta. La mejor forma de despertar es borrar del disco duro todos los programas de *malware*. Todo lo que puedas aprender del mundo morirá con él, es irrelevante. Dicho esto, puedes considerar tu estancia en el mundo como un período "Erasmus" centrado en el aprendizaje: estudia lo que quieras, pero mejor céntrate en ser feliz. Saber más desde el entendimiento no evitará el sufrimiento. Despertar sí lo hará.

El despertar es un acontecimiento, y la iluminación es la manifestación de ese instante. Es la maduración del despertar. O lo que viene después. La iluminación no es la meta última, no es un destino; es el principio de un viaje sin tiempo y sin destino. Es un estado de conciencia previo al retorno al amor. Es una invitación a demostrar en la práctica lo que uno ha descubierto que es. La conciencia iluminada deviene consciencia. Y ésta se encuentra más allá de estos conceptos.

Buscar y "ser un buscador" es asumir que algo ocurrirá más adelante, cuando se den las condiciones. Todo esto suena a historia con final feliz. Te recomiendo que huyas de las historias como de la peste, son guiones dentro del Gran Sueño. No hay procesos, ni viajes, ni búsquedas espirituales… todo esto no son más que explicaciones que ofrece el ego para racionalizar su película.

A esto se reduce todo: a ocuparte de tus asuntos mundanos sin darles mayor trascendencia, mientras te centras en despertar / mantenerte despierto. ¿Y a continuación? Como no puede ser de otra manera, debes seguir ocupándote de tus asuntos mundanos (mientras pones cuidado en mantenerte despierto).

Como suele decirse: antes de iluminarte, lava los platos. Después de iluminarte, lava los platos.

Despertar es darse cuenta de una inmensa profundidad (un salto cuántico en la percepción). Lo que se dice tomar consciencia. Iluminarse es activar la consciencia en todo momento. Por eso lo llamo despertar o iluminación *low cost*. Sin caminos, sin procesos, sin gurús, sin rituales, sin esfuerzos… Resumiendo: sin conservantes ni colorantes. *Low cost*.

Hay una extensa bibliografía sobre la iluminación que alienta a buscar y a alcanzar un estado extático. Pero esa búsqueda implica que se ha perdido algo que se trata de recuperar. No has perdido nada. Entonces no hay nada que recuperar. Si hay un esfuerzo es porque se cree en la posibilidad de obtener algo distinto a lo que se es. Lograr un beneficio que no se posee. Y eso es mucho suponer.

La iluminación convencional parece darse en la "línea horizontal del tiempo" y se percibe como un proceso de avance o de evolución. En el resultado hay mérito, esfuerzo y recompensa… pero la iluminación *low cost* se produce en la "línea vertical del tiempo", en apenas un instante, una percepción fugaz. En mi caso, fueron cinco segundos. Ya te he hablado de cuatro, y en breve lo haré del que falta.

> *Al coach no iluminado le seduce la idea de buscar y ser un buscador, es algo que le parece muy motivador, pues promete un hallazgo o recompensa. Imposible: si sale del sueño, el buscador simplemente deja de existir para revelar al Ser. ¿Ves la dificultad? Para que el buscador descubra su tesoro, primero debe desaparecer. ¿Quién podrá encontrarlo, entonces? Exacto: nadie. Esa es la certeza del coach iluminado. Sabe que son muchos los que están buscando algo que nunca han perdido.*

Ahora todo queda muy claro: en lugar de esforzarte solo deberás aclararte. Y lo mejor es que no vas a tener que luchar con tu ego y derrotarlo, pues él es una fantasía. Tampoco tendrás que buscar a tu Yo real, porque nunca lo has perdido. Simplemente despertarás del auto engaño, te darás cuenta de la película mental que te has estado montando, te reirás de todo eso y finalmente sabrás. Tendrás certeza de que siempre has sido el Yo Soy que ahora se hace consciente de sí mismo. Te parecerá incluso natural; considerarás un desatino no haber caído antes en la cuenta.

La luz es inevitable para cualquiera que renuncie a la oscuridad.

20. EL FIN DEL SUFRIMIENTO

El sufrimiento siempre es autoinfligido.

Sé que leerlo es duro, pero más duro es ignorarlo. Nadie te ha hecho o te hace nada. Y esto viene a cuento porque el juego de la culpa y de los culpables no puede ganarse nunca. Todo lo que ocurre es una elección inconsciente como consecuencia de un nivel de conciencia para el cual sufrir es del todo inevitable. Recuerda lo dicho antes del condicionamiento.

Cuando te hablé de mis cuatro segundos de iluminación, me guardé mencionar un quinto segundo.

Ocurrió en las horas previas a la muerte de mi madre. Como tenía que turnarme en el box de urgencias con mis hermanos, en los pasillos del hospital empecé a culparme por no haber pasado más tiempo con ella. Estando en un rincón de aquella planta, entre sollozos, sentí una voz llena de amor (que provenía de mí) y que me devolvió la paz y la inocencia con estas breves palabras: "La culpa no existe en ninguna parte del universo". Ese instante de "ausencia absoluta de culpa" fue a la vez un instante de presencia de Amor absoluto. Y esa certeza se quedó conmigo para siempre. Ahora ya no creo en ninguna clase de culpa.

Un segundo me liberó de la culpa.

Un segundo de iluminación.

Desde entonces, sé que el mundo no puede hacernos sufrir. Dejemos al mundo en paz, porque solo cambiando el nivel de conciencia podemos dejar atrás el dolor emocional. No es lo que ocurre o lo que hacen otros… es quiénes somos. Cualquiera que sea la situación por la que estás pasando, si permites que la Presencia te lleve de la mano, transitarás por esa experiencia libre de sufrimiento. Entrega toda situación al Amor y éste la sanará.

¿Qué es sufrir? Hemos inventado muchas formas, pues el ego posee una capacidad ilimitada para deprimir tu estado de ánimo (lo que no siempre va acompañado de lágrimas ni de dolor físico). El peor sufrimiento es aquel que es silencioso. Veamos algunos ejemplos:

- Rechazar lo que es o lo que fue
- Negar la autorresponsabilidad
- El victimismo y la queja
- Aferrarse a las cosas y las personas
- Desentenderse de la espiritualidad
- Desconocimiento del Yo real
- Creer las historias del sueño
- Creer las creencias y los pensamientos
- Sucumbir al ego propio y al ajeno
- Confundir los pensamientos con la realidad
- Aversión en general
- Apego en general
- Vivir desde la ignorancia esencial

Sufrir es creer en el miedo. El miedo es fruto de la creencia en la separación. Y aquello en lo que uno cree no puede dejar de crearse. El miedo, una vez fabricado, para afianzarse en la mente, proyecta la enfermedad y el dolor (ambos son la condensación de una emoción en la materia).

Voy a reforzar la idea principal del capítulo: no son las circunstancias las que causan el sufrimiento emocional. Los hechos son neutros; en un plano no dual no hay bueno ni malo. Sin embargo, en un planteamiento de dualidad, la mente separada es víctima de sus propias aversiones y apegos. No podrá librarse de esos dos venenos a menos que despierte a un nivel de conciencia superior.

Si hay sufrimiento es porque se ha inventado un conflicto. Y este siempre se desencadena entre un pensamiento y otro pensamiento. Los conflictos son la lucha de conceptos: esto me gusta, esto no me gusta. Es un malestar que apunta a una irrealidad.

La primera causa del sufrimiento es la creencia en un yo separado de todo lo demás. En el mismo momento de la fabricación de un ego surgen la aparente separación y todos los conflictos que le son propios e inevitables.

La segunda causa del sufrimiento es la necesidad de controlar esas partes separadas en esa supuesta fragmentación. Conseguir el control de lo que no existe es imposible; por eso el control no es posible y esa falta de control siempre recreará el dolor de la separación.

La tercera causa del sufrimiento es la creencia en las historias de ese ego o supuesto yo separado; es decir, creerse sus aventuras en este mundo (que no es más que una gigantesca sala de proyección).

La cuarta causa del sufrimiento es necesitar que lo que es sea distinto. Esto supone recurrir a uno de estos dos venenos: el apego (o necesidad) o la aversión (o rechazo). Puede expresarse así: tener una discusión con lo que es; una discusión que está perdida de antemano, puesto que discutir no cambia nada, el sufrimiento es inevitable.

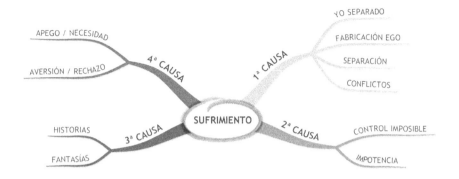

Sufrir es la señal de alarma que hemos introducido en el sueño para despertar. Es un salvavidas. Y aunque no siempre tiene el poder de despertarnos, siempre es una oportunidad para convertir el sueño ordinario en un sueño lúcido.

Según las cuatro nobles verdades del budismo:

1. El sufrimiento existe.
2. El sufrimiento tiene una causa.
3. El sufrimiento puede extinguirse, si suprimimos su causa.
4. Para extinguir la causa del sufrimiento debemos seguir el noble camino óctuple.

Pero eso es harina de otro costal. Revisa los textos budistas y descubre el óctuple sendero a la cesación del sufrimiento.

 El coach iluminado sabe que para dejar de sufrir es necesario despertar y abandonar cualquier intento de hacer real el ego y los miedos que solo la mente separada puede haber inventado. Cuando el coach ayuda a una persona no busca aumentar su ego, sino reducirlo. No es este un paso que muchas personas estén dispuestas a dar. Son escasas las personas que eligen desarmar su ego. El coach consciente sabe que los problemas y limitaciones de sus clientes provienen de su fe en su identidad

irreal. Por esa razón el sufrimiento es tan habitual en el planeta.

Cada experiencia de sufrimiento, lejos de ser buena o mala, apunta hacia el descubrimiento de la naturaleza divina. Lo cual revela en consecuencia algo grandioso: es posible otro estado, el de despertar, en el que sufrir no es una posibilidad. Esta intuición es el pensamiento más sublime del que es capaz el ego.

El fin del sufrimiento está en despertar de la creencia en la separación.

Por ponerlo fácil, digamos que cualquier pensamiento que comporte sufrimiento no es real. Y en ese descubrimiento, sales del torbellino de tus historias mundanas y entras en el centro del huracán. Allí, rodeado del caos absoluto, encuentras silencio, seguridad y paz.

Yo sé que el sufrimiento no existe, pero tal vez tú no lo sepas aún.

21. NADIE SABE NADA

Sino entiendes nada es que estás a punto de entenderlo todo.

Tratar de comprender el sentido de la vida, desde la lógica y el intelecto, es presuntuoso pues está por encima del alcance de la mente. Imagina tratando de explicar los principios de la física cuántica a nuestros ancestros del Neolítico… Es lo mismo. No, es peor.

Pero, donde la mente no llega, sí llega la comprensión con el corazón. El corazón entiende razones que están fuera del alcance de la mente. Y sabe sin saber como sabe. Si esta afirmación suena cursi, trataré de enmendarme.

Algunas veces sentimos que algo es verdad, sin que se pueda explicar razonadamente. Seguro que te ha sucedido muchas veces, es una corazonada. El corazón activa el sexto sentido que conecta con el espíritu.

Hay quien se desvive por saber más y más sobre lo banal… pero en cambio se desinteresan por lo esencial. Como el mundo es una invención, bastará con seguir inventando para después tratar de entenderlo. La falsedad es elástica.

En un mundo banalizado, el conocimiento esencial es una brecha para traspasar el enrejado de la Matrix y regresar a la realidad. Quienes tienen únicamente fe en el mundo, y tratan de hacerlo suyo, se dedicarán a controlar a los demás para conseguir su fin.

Lo que resulta invisible a los ojos no merece la atención de la gente seria.

Por ejemplo, la terminología digital no hace más que aumentar. Tenemos un vocabulario tecnológico cada vez más vasto, pero ¿qué ocurre con el vocabulario esencial? Apenas unas pocas palabras. No es igual en todas las culturas; en sánscrito, por ejemplo, o en tibetano, por ejemplo, disponen de un enorme glosario de términos para describir el ámbito espiritual.

En la formación reglada podemos aprender sobre asuntos mundanos. La pena es que todo ese conocimiento es relevante solamente en el mundo, pero es del todo irrelevante en la realidad. Vale dentro del sueño pero no fuera de él... Estamos estudiando un mundo que no existe. ¡A ello dedicamos buena parte de la juventud! Y, cuánto más lo conocemos, menos nos conocemos a nosotros.

He escuchado muchas veces que venimos a este mundo a "aprender lecciones". Me parece una metáfora bonita pero imprecisa... ¿Para qué aprender la irrealidad del mundo? ¿Qué lección hay en la separación? ¿Qué sentido y utilidad tendrá todo ese conocimiento no esencial en el otro lado? Creo que la diferencia entre lo importante y lo accesorio es que, si apunta a la eternidad, es real; en caso contrario es mundano.

Si un conocimiento no es para siempre, es banal, es mundano e ilusorio.

Sobre la herramienta de aprendizaje, la mente, quiero decir que lo único que la mente puede hacer es percibir, es interpretar (ya sea lo mundano o lo esencial). Es cierto que hay interpretaciones más cercanas a la realidad que otras, pero la interpretación no es conocimiento. El conocimiento viene del despertar.

La mente es dualista, percibe desde la separación y eso le impide conocer la realidad, que es no dual. La mente está secuestrada por lo fenoménico. Dicho de otra manera, percibir es tratar de saber sin despertar. La percepción no es conocimiento. El conocimiento puro no interpreta, sino que sabe.

Todo lo que puede hacer el ego es interpretar, porque el ego no sabe nada. Como mucho, te llevará a aprender lo banal para que omitas lo trascendental. Y esto por una razón: la ignorancia de unos es el poder de otros. El ego es la tiranía de la ignorancia.

Desde luego, que el ego o yo irreal disfruta aprendiendo de este mundo, y se afana en saber cada vez más de él. Pero qué poco sabe del Ser, nuestra naturaleza real. Esta es la asignatura pendiente de la humanidad, abandonar los entretenimientos para responder a la pregunta: ¿quién o qué soy?

Es hora de aceptar que la idea que tienes de ti mismo es un concepto.

Un concepto que viene y va, que se rehace y se sustituye a sí mismo por otros. Y ese ir y venir de la mente en tu auto concepto, es lo que te hará sufrir. Nunca sabes a qué atenerte. Nadie sabe en realidad nada. Todo es incertidumbre.

El coach iluminado ha encontrado en sí mismo un espacio desde el que contemplar todo impersonalmente, libre de auto conceptos inventados, desprovisto de expectativas; y por todo eso, le resulta fácil trascender el éxito y alcanzar un estado de Gracia donde todo es posible. En lugar de conquistar el mundo, se centra a conquistarse a sí mismo. Esa es la Gracia en la que envuelve sus asuntos mundanos.

De hecho, nadie sabe nada y nadie sabe qué está ocurriendo ahora mismo realmente. Y si no sabemos qué ocurre en nuestra experiencia, tampoco podemos saber lo que ocurre en la experiencia de otros. Juzgar no tiene sentido porque nadie sabe nada. Lo siguiente que sucede al desconocimiento esencial de quién somos y qué nos sucede, es que no sabemos qué es mejor para nosotros; y por ende, para los demás.

Para que esta lectura adquiera sentido, antes deberás encontrar antes un lugar dentro de ti que resuene con este material como profunda verdad. No lo leas desde la mente que busca aprender, sino desde la mente que desea recordar.

Recordarás lo que desees recordar.

Con esta lectura vas a recuperar lo que nunca has perdido. Obtendrás lo que nunca te ha faltado. Serás quien siempre fuiste. Has empezado un viaje sin distancia al lugar del que nunca te has ausentado. Un viaje sin espacio ni tiempo.

Si has leído mi libro: "Coaching para milagros", sabrás que ayudar a otros exige una condición principal: saber quién eres, liberarte de tu ego, asumir la no dualidad… Solo así serás útil de verdad al resto de personas que caminan por el planeta en busca de su felicidad. Tus pasos serán fáciles de seguir y tu luz, fácil de compartir.

Si la paz mental es un objetivo que nunca has alcanzado, y la paz de Espíritu un bien que nunca has perdido, convendrás conmigo que no hay nada que cambiar en nadie. Lo único que las personas necesitan es despertar.

Renuncia a aprender lo que sabes y pasa a preguntarte qué es lo que olvidaste.

22. TODO ES UNA HISTORIA INVENTADA

Erase una vez que yo era soñado por mí.

Así empiezan todas las historias. Si pudieras contemplar en perspectiva el contenido de tu mente, te darías cuenta del material de hollywoodiense que guardas en ella. Todo lo que contiene la mente son historias acerca del mundo. Y sobre de las aventuras en este planeta de tu personaje inventado. Si fuese una película, bien podría titularse:

"Aventuras de (pon aquí tu nombre) en el planeta Tierra"

Cualquier místico te hará entender que crees ser un personaje que circula por la Tierra tratando de resolver sus supuestos problemas. Como a los místicos apenas se les hace caso, todo el mundo va a lo suyo (menos yo, que voy a lo mío).

Tú eres Hollywood. Tu mente es una fábrica de historias inventadas. Lo nuestro es fantasear. Cuando alguien me dice que no tiene imaginación, simplemente no le creo; de ser así, ¿cómo habría urdido la colosal historia de su vida?

Y, al igual que en Hollywood, puedes inventarte finales alternativos para aumentar la taquilla. Por ejemplo, si en tu imaginario está el paradigma de la reencarnación, puedes poner un número al final del título de la película de tu vida (1, 2, 3... y así). Es lo que hacen en Hollywood con las secuelas para alargar una idea hasta el delirio.

También tienes la opción de elegir tu género preferido, o de probar con una mezcla de varios géneros:

- Aventuras
- Tragicomedia
- Surrealista
- Terror
- Comedia
- Thriller
- Gore
- Road movie
- Ciencia ficción
- Erótico
- Humor
- Musical
- Catastrófico
- ...

Pero, ¿qué es una historia? Es una mentira contada las suficientes veces, hasta que parece real. Todo son *remakes,* versiones de versiones. ¿Y quién es el guionista? Por supuesto, tú.

La persona despierta sabe bien que cualquier discusión con la realidad es lo que llama "una historia". Sí, me refiero a expresiones como "Esto no debería ocurrir" y "Esto es lo que quiero que ocurra" o "Mira qué me ha pasado", que no son más que historias. Siempre que se discute con la vida, se pierde. Nadie gana en sus discusiones con lo que es.

La persona media sufre porque cree erróneamente que si lucha contra la realidad (contra lo que es) será capaz de lograr sus fantasías. Veo a diario gente luchando con su realidad. En lugar de tratar de crear otra cosa diferente, esas personas luchan con lo que han creado y les disgusta. No pueden derrotarse a sí mismos. Si discutes con lo que *es*, pierdes. Todas las veces.

Las historias o películas mentales son una interpretación, pura percepción... nunca una visión verdadera. Sí, en el sueño nadie ve nada de nada, todo está inventado. Y aparece al revés. Es casi seguro que tu historia coincidirá con la interpretación de otros seres durmientes, como si estuvierais todos de acuerdo. Pero que se comparta una percepción no la convierte en verdad. Repetirla, justificarla, y hablar de ella, tampoco.

La mente narra el mundo para tratar de comprender. Se cuenta a sí misma historias acerca de su personaje inventado. El ego es el héroe protagonista de todas las historias que inventas. Una vez inventado hay que proporcionarle guiones (historias) para darle sentido. Así da comienzo la saga.

Todos los recuerdos son todos historias pasadas que te cuentas una y otra vez. Y en ese reexamen de las historias les cambias detalles, creando un nuevo guión que puede apartarse en mucho de los hechos pasados.

Vives en un entramado de ilusiones llamado Maya. Una trampa con cadenas invisibles, de las que es infrecuente que alguien pueda librarse.

Todo se reduce a un juego de la consciencia que trata de imaginar qué serían la separación y la limitación. Pero como semejante conjetura es imposible en la realidad, inventa un mundo proyectado donde este sueño parece ser posible. Crea una dimensión sobre la que proyectar la ficción.

A esto se reduce todo: la consciencia imagina cómo sería ser menos, y la conciencia juega a creerse más.

Lo que se conoce por la historia de la humanidad es simplemente una cadena de malentendidos experimentada por criaturas que están en el imaginario de la mente Uno y que parecen haber olvidado su origen.

Las historias no tienen nada malo, solo que no son reales. Las personas dormidas caminan por el planeta contándose su propia historia. Y lo hacen porque la creen. La inventaron, pero ya han olvidado que es una invención y ahora la creen. Se confunden con sus historias. Todos mienten.

Y cuando se encuentran, se cuentan mutuamente sus respectivas historias. A eso lo llaman "conocerse". Pero he de decirte que la parte menos interesante de una persona es su historia y que muy pocos se conocen de verdad. Todo es una farsa gigantesca.

Si quieres la verdad, has de deshacerte de tus historias. No puedes ver lo que es si antes no dejas de mirar a lo que no es. No busques la verdad, mejor identifica tus mentiras, que se derretirán bajo la luz, durante el interrogatorio, y en frente hallarás lo que estabas buscando.

El coach iluminado no cree las historias de su cliente. Sabe que son ficciones. Pero su cliente aún no lo sabe. Con sumo tacto, el coach le mostrará lo increíbles que son las historias en las que hasta hace poco creía ciegamente. Esta iluminación de la mente es el mejor trabajo que puede hacer por otra persona, mucho más que ayudar a conseguir los resultados para los que fue contratado.

Las historias parecen tan creíbles que enmascaran la realidad. Para salir del laberinto solo nos queda cuestionar cada historia que contamos al mundo.

Esta batería de preguntas es útil para cuestionar:

- ¿Es real?
- ¿Qué pruebas tengo?
- ¿Cómo es mi vida con esa historia?
- ¿Cómo sería mi vida sin esa historia?
- ¿Podría contarme otra historia que se acerque más a la realidad?

No hay nada duradero en un sueño, este es el secreto para desenmascarar las ilusiones. Todos los sueños son historias sujetas a un desenlace intercambiable, por eso no son verdad. Recuerda: si algo está sujeto a cambio, entonces se trata de una fantasía, ya que la verdad no cambia nunca.

- Cambia: es una observación
- No cambia: es el Observador

Si quieres conocer de verdad a alguien, apunta al Ser. No te entretengas con sus andanzas y desventuras, trasciende su ego, y llega al espíritu. Todo aquel con el que te cruces es un hijo de Dios en medio de un episodio de amnesia aguda. Cuando uno solo de nosotros recuerde, ese mismo recuerdo estará disponible para todos los demás.

Y sabrás que has despertado cuando percibas tu biografía como una historia de ficción, un guión que por aburrido, ni siquiera merece ser llevado a Hollywood. Es así como perderás el interés por los "culebrones" o seriales televisivos que protagonizan las masas.

Acabarás concluyendo que todo es un mal entendido entre los personajes de una comedia de enredo. A eso se reduce todo.

23. EL EGO ESPIRITUAL

Este libro es una amenaza para el ego.

Tal cual lees. La buena noticia es que si lo compraste y has llegado a esta página en tu lectura (y si el ego no te ha ordenado cerrar el libro antes), entonces es que hay esperanza.

Tu ego tratará o bien de que te deshagas de este libro, o bien de leerlo contigo para interpretarlo. En este segundo caso, tratará de acomodar lo que leas a sus reglas, con tal de que no decidas librarte de él. Y en esa lectura conjunta, reinterpretará cada idea del libro de una manera que parezca que te lo aplicas las enseñanzas aquí contenidas pero sin hacerlo efectivamente. Es decir, hará los cambios necesarios para que nada cambie.

El yo inferior, o ego, se muestra curioso pero no interesado.

Hará cualquier cosa con tal de no perder el control (que siempre ha tenido) de tu vida.

A esta faceta bipolar de la mente (con minúsculas), se la denomina de diferentes formas:

- Ego espiritual
- Ego iluminado
- Bypass espiritual
- Especialismo
- Orgullo espiritual
- Vanidad existencial

Yo le llamo ser un "canta mañanas".

Llevo muchos años en esta profesión y mercado y en general he visto poca coherencia en general. Prefiero no mencionar aquí ejemplos de egos con un discurso público y un comportamiento privado radicalmente opuestos. He escuchado mucha palabrería insustancial de egos exacerbados, vestidos con una túnica blanca de falso gurú, con un lirio en la mano y una sonrisa falsa en el rostro.

Me introduje en el mundo del desarrollo personal para no volver a tratar con egos (principalmente con el mío) y resulta que es donde más he encontrado.

De la lista anterior, me gusta en concreto el concepto de *bypass* espiritual, que en resumidas cuentas significa que a la mente le basta con racionalizar y entender, pero sin aplicarse las enseñanzas obtenidas. Se contenta con decir: eso ya lo sé, pero sin serlo y sin hacerlo. Lo que hace es renunciar a la experiencia práctica y conformarse con el entendimiento mental. Pero el engaño radica en que nada que no haya sido metabolizado puede ser entendido de verdad. El conocimiento real está más allá de los juicios y las opiniones. El conocimiento sabe. Y el ego no sabe nada de nada porque vive por y para un mundo irreal.

Para que descubras si estás afectado por el síndrome del "*bypass* espiritual", observa como te sientes con respecto a los demás al evaluar tus progresos en tu proceso de desarrollo personal (sí, progresar en un proceso de desarrollo no es más que un autoengaño). Pues bien, si te comparas con otras personas, y registras la más leve sombra de superioridad y/o inferioridad, es que sigues atrapado en el sueño (un sueño de temática pseudo espiritual).

Has empezado a soñar otro sueño: el de que es posible que tu ego se ilumine.

Otro síntoma de que has caído en el "*bypass* espiritual", es pensar que sabes más que los demás, creer que sabes qué les conviene más, e incluso qué te conviene a ti. Me estoy refiriendo a una sensación de superioridad basada en nada.

Otro síntoma es buscar la felicidad (pero no la verdad) dentro del sueño. Aspirar a un sueño mejor, pero sueño al fin y al cabo. Es lo que yo llamo mejorar "las condiciones carcelarias": conseguir algunas ventajas a cambio de seguir en el presidio mental. El *coach* no iluminado o convencional trata de mejorar resultados sin centrarse en un cambio fundamental. Habla de "sacar el mejor yo" refiriéndose a un yo pulido y tuneado, que resulta muy aparente, pero no real.

Otro síntoma de *bypass* consiste en leer más y más libros, tratando de entender, pero no de hacer. Pasando rápidamente de una lectura a otra lectura para no darse tiempo a profundizar y aplicar lo aprendido. Cuanto más leamos, mejor; así tendremos menos tiempo para aplicárnoslo. En esa desenfrenada investigación se amontonan conceptos que se repiten como lo haría un loro, conformando un discurso vacío.

Otro síntoma de *bypass* se manifiesta en una falta de coherencia entre lo que se dice, se piensa, se siente, y se hace. Esa falta de alineamiento es indicativa de una carencia de armonía que se traslada a todo lo que envuelve a la persona. Su vibración incoherente se contagia a cada aspecto de su existencia y lo tiñe de falsedad. Y su existencia se convierte en una mala canción desafinada: su letra no es creíble y su melodía está desacompasada. Las vidas de las personas incoherentes son grises, unidimensionales, vacías y sordas.

> *El coach iluminado lo es porque no vive instalado en la dualidad, la auto complacencia y el doble discurso. Es pura coherencia, de ahí su poder para conseguir todo sin esfuerzo. Es auténtico en público y en privado, sus pensamientos son impecables, y su contexto expresa coherencia, conocimiento, verdad y ausencia de juicio. No hace real el sufrimiento ya que éste forma parte del sueño, pero es compasivo con el que sueña, y no porque sufra sino porque sigue dormido. El coach se aplica lo que predica y es pacífico con quien exhibe su ego.*

Estimado lector, si en algún momento decidiste disolver tu ego para recrearlo después en un ego espiritual, tuneado, pulido y mejorado… ahora eres consciente de que esa treta no va servir. Si así fue, y te entregaste a un ego supuestamente iluminado, debes entender que nadie puede iluminarse, por la sencilla razón de que el "yo" es inexistente.

El yo no se ilumina, pero la ausencia de yo es la iluminación.

Vuelve a leer la anterior frase, ya que resume todo el libro por completo. Si la entiendes de verdad, no te preguntarás cómo aplicar todo lo que aquí se dice.

Ya lo he dicho antes, pero no está de más recordarlo: la iluminación *low cost* es impersonal. Y consiste en:

nadie en quien convertirse,

nada que hacer,

ningún lugar al que ir.

Lejos de ser poco, eso es mucho.

24. EL INFINITO ERES TÚ

¿Recuerdas el juego del escondite?

Hagamos un símil con eso. La consciencia, que juega al escondite por puro divertimento en el mundo de las cosas, eligió esconderse... ¿Dónde? En todas partes, y en todo momento, para que fuera más sencillo volver a uno mismo, a casa. Encontrarla es tan fácil que se ha convertido en lo más difícil.

Nos miramos en un espejo y entramos en el mundo a través de él; pero en su interior no había nada real, todo eran reflejos.

Un juego tiene que ser divertido, y este es desde luego apasionante. Es un juego que no tiene reglas, ni perdedores, solo puedes ganar. Su única regla es que no hay reglas que seguir. Y si te preguntas cómo jugarlo, ya estás violando la única regla porque estás tratando de seguir una pauta que lo complique.

El juego eres tú, porque eres todo cuanto existe y cuanto podrás encontrar. El juego es contigo mismo, pues no hay oponentes ni contrarios. Tú eres el infinito y la eternidad jugando a la limitación y el tiempo.

- El infinito no es algo muy grande. Es la ausencia de espacio.
- La eternidad no es mucho tiempo. Es la ausencia de tiempo.
- El espacio no es un lugar. Es la ausencia de lugares.

El tamaño, la duración y la ubicación son limitaciones en el mundo del espejo. Y no existen limitaciones en el Absoluto que se mira en el espejo.

Infinito es la ausencia total de tiempo, lo cual no significa que algo dure mucho tiempo, sino que carece totalmente de la posibilidad de ser medido por el tiempo. Existe al margen del tiempo, sin principio ni fin, en este y en todo momento.

 El tiempo no sabe nada de la eternidad, así como el miedo no puede alcanzar al amor. Los primeros son sueños imposibles; los segundos son la única realidad.

En el juego, si tratas de medir el tiempo, muestras fe en su existencia y por tanto creerás en él. Lo que crees, lo creas. Caes de nuevo en el mundo del espejo del que quieres salir.

Pero la no dualidad es holográfica: es todo a la vez, sin opuestos. Sé que esto es un empacho gigantesco de realidad. Fíjate en las palabras: TODO y a la VEZ porque son muy radicales (no hay el más mínimo margen para hacer una excepción).

Trata de prescindir de todos los conceptos que atribuyes al tiempo y al espacio. Porque no son lo que has pensado que eran. Olvida esos conceptos limitantes y substitúyelos por estos:

- Absoluto
- Real
- Ilimitado
- Eterno

- Amor
- Presencia
- Fuente
- Infinito

Adentro y afuera son una ficción, no hay un adentro de ti, pero tampoco un afuera. Todo este material conceptual no está en un determinado lugar en un momento dado, es una proyección mental. Solo el cuerpo necesita espacio. Mas recuerda: no eres un cuerpo.

Reconoce tu identidad y te liberarás del miedo a la muerte. A fin de cuentas, es el miedo a morir lo que se traduce en miedo a mil y una cosas. El remedio que buscas es la eternidad. Cuando te reconoces como un ser no nacido comprendes que no puedes morir. Dicho de otra forma, no puedes morir porque nunca has nacido.

Si aceptas que has nacido, estás aceptando que tienes que morir. Sal de ese paréntesis ilusorio y vuelve al infinito al que perteneces. Sustituye el tiempo por el amor y eso cancelará la necesidad de tiempo para producir resultados. El gran error que retrasa la iluminación es suponer que uno ha nacido. Declárate no nacido y todo ocurrirá por sí solo.

¿Y qué hay de la reencarnación? La transmigración de las almas es "espiritualidad personal", no es impersonal, por lo tanto se trata de una visión simbólica de la eternidad del Ser. Es un intento de convertir lo transitorio en eterno. Me temo que es chatarra espiritual.

No digo que no exista la "vida" después de la "muerte", solo apunto a que hay algo mejor que experimentar una vida personal, y es el Ser impersonal.

Recuérdate cada día que eres un Ser no nacido, al igual que cualquiera con quien te cruces. Desde esa posición podrás alcanzar la consciencia o Ser. Este es un planeta de no nacidos. ¿Cómo puedo estar seguro? Porque lo que somos antes de la idea-evento del nacimiento y después de la idea-evento de la muerte es inalterable. Tu Ser siempre está presente al margen de la forma que parezcas adoptar.

Citando al místico Chuck Hilling, *"El karma y la reencarnación solo existen mientras se mantiene la ilusión de que hay un "yo" individual y separado que supuestamente es el sujeto"*.

¿Sabes por qué no puedes reencarnarte? Porque eso no es posible ni una ni muchas veces. Siendo francos, ahora mismo no estás encarnado. Tu cuerpo no retiene un alma. No estás atrapado en un cuerpo. Recuerda, ya te expliqué antes que el mundo está en ti, no tú en él.

El espíritu proyecta una mente separada la cual inventa un cuerpo, y así dan comienzo todas sus aventuras en el mundo ilusorio de la forma. No hay nadie dentro de tu cuerpo. Tu cuerpo es imaginado desde la mente Uno y es una proyección de la misma.

La reencarnación es una idea muy atractiva, pero engañosa. Esa supuesta noria de existencias sucesivas no es más que soñar y soñar para volver a soñar… y no despertar nunca.

Tal vez has leído lo que dicen esas filosofías orientales sobre la ley del karma y la reencarnación. Yo he leído también muchos libros escritos en la India sobre animales que hablan, pero no me los tomo al pie de la letra. ¡Son metáforas! Bien, a lo que iba: la reencarnación no es posible porque eres un no nacido, Como nunca has nacido, jamás puedes morir nunca. Y por esa misma regla de tres, no puedes ni nacer ni morir muchas veces (reencarnarte). Repasemos esto:

- Eres un no nacido y por esa razón no puedes morir.
- No te has metido en un cuerpo, tu cuerpo se ha metido en la mente.
- Reencarnarse no es posible ni una ni muchas veces.

¡La reencarnación es una metáfora! No te lo tomes en sentido literal, es un modo de hablar. Puedes tener uno y muchos sueños, y en cada uno de ellos plantearte que eres tal o cual persona y tienes tal o cual vida... pero todo ese material onírico no implica que nazcas muchas veces, sino que encadenas muchos sueños dentro de tu estado mental durmiente.

Buscar la iluminación es como buscar el centro del infinito... En la infinitud cada punto está en el centro del infinito. ¡ya estás en el centro de esa eternidad!

Detén tu búsqueda, y pregúntate: "¿Qué es lo que estoy buscando?". Si eres sincero, te darás cuenta de que: o bien no lo necesitas o bien ya lo tienes.

Tú eres el infinito jugando al escondite, a través del espejo, en un escenario imposible que conoces por mundo.

En las palabras del sabio Mooji, *"Si Dios es infinito, entonces, sin duda Dios también debe de estar en ti. ¿Puede ser infinito en todos los demás lugares excepto en ti?"*. Puro Vedanta.

 Como coach iluminado comprendes que la persona que crees ser no puede liberarse, eres Tú quien se liberará de ella. ¿Ves

la diferencia? Y lo mismo ha de ocurrir con tus clientes… No liberes a su ego de sus pesadillas, pues siempre creará una nueva; mejor líbrales del ego. Si eres capaz de entender solo esta idea, en esta lectura, habrás aprovechado muy bien el libro.

Encuéntrate a ti mismo y lo que seguirá es la pura maravilla.

———————

25. UNA VIDA IMPERSONAL

Tomarse la vida como algo personal. Ahí está el problema.

Toda persona con la que te cruces en este mundo se considera una criatura separada y diferente del resto. Muchas se creen incluso "especiales" y buscan a alguien "especial". Si se considera una persona "espiritual" (todos lo somos), tal vez incluso crea que es un alma encarnada en un cuerpo, en busca de mejorar su Karma. Y mientras se afana en resolver sus asuntos mundanos, se conformará con filosofar de vez en cuando.

Todo normal. Pero…

- Si le dices a esa persona que no tiene ni idea de quién o qué es, te tomará por loco.
- Si le dices a esa persona que está dormida, se sentirá incómoda en tu presencia.
- Si le dices a esa persona que es un hijo de Dios soñando ser un humano, te tomará por sacrílego.

Mejor no le digas nada de nada, o llamará a la policía. Por respeto a los demás y para tu propia paz (y seguridad), calla.

Que la persona media no quiera saber nada de todo eso ahora, está también bien, es su derecho. La verdad no tiene que ser defendida. Así que todo está bien, pues en medio del sueño todo es irrelevante. A fin de cuentas, el desenlace del sueño es cierto: cuando despertemos colectivamente recogeremos este juego de mesa de rol que llamamos mundo, y lo guardaremos para siempre.

Cuando el juego de la dualidad acaba, vuelves a la no dualidad.

Es lógico que el concepto de "impersonal" suene amenazante para el ego. Pero en este libro, estás descubriendo página tras página que la personalidad no es más que un constructo intelectual de conceptos acoplados. Un montaje mental. Vamos, un entramado del ego que acabará desmoronándose como un castillo de naipes.

Crear una identidad convencional resulta muy útil en el mundo de las cosas, pero es irrelevante en la realidad.

De puertas adentro, es posible vivir impersonalmente trascendiendo el sueño de la individualidad. Puedes usar tu identidad individual (tu ego) de forma pragmática, para gestionar tus asuntos mundanos, pero sin creértela ni un ápice. Es como tu nombre, te lo endosaron tus padres, pero no tiene nada que ver contigo, es apenas un tema formal. Pues bien, ocurre lo mismo con tu "personalidad" que no tiene la menor relación con tu Ser.

Aquí el regalo de la existencia aquí eres tú, el problema es que aún no lo has desenvuelto.

La "vida impersonal" es un concepto muy interesante que quiero introducir. No consiste en ser un don nadie. Aunque en el fondo todos los somos, al carecer de cualquiera de las atribuciones del personaje que hemos inventado para mayor gloria del ego.

Ser impersonal es desaparecer en el ego y reaparecer a la Presencia.

Una vida impersonal es una vida no dual, basada en la percepción impersonal de uno mismo y de todos los demás. Es una mirada limpia y redentora desde la Presencia. Es liberar a las personas de la jaula mental de su ego. En resumen, es la visión correcta o verdadera.

Mi consejo: abandona cualquier concepto particular, deja de tomarte la vida como un asunto personal, y una nueva existencia dará comienzo para ti.

Profundicemos más: en realidad, aquí no hay ninguna "persona" que despierte, porque sería tanto como afirmar que esa "persona" es real. Si aquí no hay nadie tampoco puede haber un yo o ego que haga tal cosa (despertar). Despertar es un acontecimiento impersonal.

Bye bye, ego.

No hay que temer. En el mismo momento en que abandonas la individualidad, te conviertes en totalidad manifiesta. Pasas de la nada al todo. Al Absoluto.

Despertar es un acontecimiento impersonal porque te libra de todas las cadenas de lo personal. No pierdes nada sino que ganas todo. Renunciar al ego no es dejarlo todo; al contrario, es dejar nada por todo.

> *El coach iluminado no trata de mejorarse a sí mismo, sino de librarse de sí mismo. La mejora de uno mismo es caer en un nuevo sueño mejorado. Ahora la fantasía es conseguir una individualidad mejorada y más refinada o especial. Es como cambiarse a una celda más sofisticada, pero que no resuelve el problema de la libertad... y mucho menos el de averiguar quiénes somos en realidad. Todo eso no nos saca de la cárcel mental que hemos creado al inventar el mundo de la separación.*

Llevar una vida impersonal es renunciar a una vida personal.

Permite que el espacio de tu yo inventado deje espacio a algo mucho mejor que la mejor de las identidades que puedas fabricar. Aunque la cuestión aquí no es que obtengas algo mejor, sino que por fin llegues a algo real.

Cuando abrazas lo impersonal, sucede que no hay nada que defender. De pronto se caen conceptos tales como:

- Mejorar
- Progresar
- Crecimiento personal
- Desarrollo personal
- Reinventarse
- Superación
- Autoestima
- Excelencia
- Éxito
- Triunfar
- Consecución de objetivos

Son unas palabras muy bonitas y atractivas… ¡para el ego espiritual!

No me entiendas mal, todo eso está muy bien, pero hay algo mejor cuando los trasciendes. Si has leído libros orientados a lograr todo eso, considéralos un paso previo al despertar. Yo siempre le recomiendo a la gente que tenga éxito (que es un paso intermedio) cuanto antes, para poder trascenderlo y pasar a otra cosa mejor.

Es una lástima que muchos de los libros escritos al respecto consideren el éxito como una meta en sí misma. No digo que haya que ignorarlos (léelos todos, si quieres) pero todos ellos se pueden resumir en las siguientes instrucciones que caben en un simple tuit:

- Autorevelarse
- Despertar

- Autoconocimiento

El resto son detalles sin importancia.

Por eso este libro te ofrece una solución *low cost* a las eternas preguntas de la humanidad sobre su papel en el Universo para las cuales tengo tres mini respuestas:

1. ¿Quién soy? Yo Soy.
2. ¿De dónde vengo? Del Soy.
3. ¿Adónde voy? Al Soy.

Finalmente, tema resuelto.

¿Pasamos a otra cosa?

26. EL MITO DEL LIBRE ALBEDRÍO

Todo mito es una cosmovisión y, por tanto, apenas una interpretación.

Lo que vas a leer a continuación puede resultarte inquietante, pero es una realidad que hay que afrontar: aunque parece que elegimos constantemente (eso me gusta, esto no me gusta, quiero esto, no quiero aquello…), en realidad no tenemos ninguna opción que elegir; ya que al estar totalmente condicionados, solo podemos "elegir" aquello para lo que estamos programados. ¡Oh!

La gente no puede dejar de hacer lo que hace debido a su programa mental, que es más fuerte que su voluntad. Cualquier cambio de comportamiento exige un cambio previo de los programas inconscientes que gobiernan nuestras vidas.

Trataré de expresarlo de otro modo: dado un nivel de conciencia (y la mente refleja de ese estado de conciencia), la mente solo puede elegir al dictado de sus paradigmas. Un estado de conciencia es un programa que la mente tiene que seguir sí o sí. De modo que nadie elige nada, aunque tiene la ilusión de hacerlo. Todo es programación. Ahora bien, ¿para qué cosmovisión estás tú condicionado?

La psicología junguiana le llama subconsciente. Yo lo llamo condicionamiento. Una mente condicionada es una mente programada, es un tren al que únicamente se le permite transitar por una sola vía. La conducta de las personas no puede ser otra que la que es en cada momento dado su actual nivel de conciencia, y a menos que sea reprogramada o condicionada de nuevo para actuar de un modo diferente.

¿Quién es el programador?, te preguntarás. No hay tal, no me atraen las teorías conspirativas. Solo hay una decisión real que tomar en cada situación: amor o temor.

Esta "decisión" es la única que podemos tomar dentro del sueño a cada instante (cada pensamiento, cada palabra, cada acción… está orientada a esa elección polar). Y no puedes elegir las dos a la vez.

Aunque estás decidiendo entre lo cierto (amor) y lo imposible (temor), te parecerá que eliges. Dado que puedes retrasar lo inevitable te parecerá que eliges (ahora o más tarde). Pero en ningún caso dispones de libre albedrío. En la dimensión de la realidad no hay nada que decidir, en eso consiste la paz.

La experiencia en el mundo es una experiencia educativa de primer orden al proponer esa elección una y otra vez. A medida que se elige continuamente la misma respuesta (amor) en situaciones cada vez más complejas, el grado de conciencia se amplía.

Sea cual sea la situación, siempre se repite la misma disyuntiva: amor o temor. Siendo sincero, ni siquiera es una elección sobre lo que parecen ser asuntos mundanos, sino que es la elección de un estado mental (que se reflejará en las circunstancias mundanas y en sus resultados observables).

Saber que nadie decide nada, debido a su condicionamiento, nos permite acercarnos a los demás con compasión. Ellos no actúan libremente sino que son dirigidos por sus programas mentales como verdaderos autómatas. Dicho de otro modo: cada uno hace lo mejor que puede con el conocimiento que dispone en cada momento. Y aunque parezca que las personas toman decisiones, están obligadas a hacer lo que hacen por su sistema de creencias, paradigmas y percepciones (su cosmovisión).

Decidir está doblemente alejado de la libertad por estos dos motivos:

1. Toda decisión está tomada desde el condicionamiento.
2. Toda decisión entre un deseo y otro, responde a una única Intención.

El primer motivo ya te lo expliqué anteriormente. Deja que te explique ahora este segundo motivo: obviamente parece que tenemos muchos deseos e intenciones, a lo largo de la vida, pero en realidad son solo diferentes versiones de un único deseo o Intención. Sí, todos tus deseos son expresiones remezcladas de un único deseo: el deseo de volver a casa o de volver a ti mismo. Dicho de otro modo: la Intención de despertar.

Sí, aparentemente deseas mil y una cosas (esto, aquello, lo de más allá…), pero las deseas para ser feliz y sentirte satisfecho, completo… ¿no es así? Entonces convendrás conmigo que la mayor felicidad está en volver a la verdad. A la realidad donde todo es perfecto y donde nunca hay nada que temer. A la unidad nada le falta. A la plenitud que carece de pérdidas. A la liberación que está al margen de limitaciones. Al Absoluto. Es inevitable volver a ti mismo. No es una elección, es un destino seguro.

El condicionamiento es tan poderoso que convierte la libertad de decidir en una utopía. Nadie que esté condicionado es plenamente libre. Todo aquel con quien te encuentres es un rehén de sus programas mentales que reflejan su nivel de conciencia actual. Este es un mundo de esclavos mentales que creen ser libres, porque toman decisiones imaginarias, entre opciones "inexistentes", sin darse cuenta de que nunca eligen, sino que acatan su condicionamiento.

Tal vez debido a esa imposibilidad real, el ser humano sueña con decidir libremente en: las elecciones, las reinvenciones, las revoluciones, y toda clase de quimeras que le hacen imaginar que puede ser libre y tomar elecciones. Pero no es así, y ello por una razón: todo ser dormido es un esclavo en su propio sueño. Cuando tienes un sueño, este te tiene a ti (¡y no tú al sueño!).

Igual que un ordenador se comporta de conformidad con el software instalado, un ser humano sigue su condicionamiento. No le queda otra alternativa. Por eso debes ser compasivo con todo aquel que te encuentres: él cómo tú busca la realización y huye de este sinsentido.

> *Como coach iluminado ahora entiendes que el libre albedrío es un mito, que no hay nada que decidir dentro del sueño (salvo amar o temer); porque solo hay una decisión real: despertar o seguir soñando. Una opción implica libertad incondicional; la otra, esclavitud condicionada. Cuando atiendas a tus clientes, si eres un coach consciente, deberás entender que todo lo que se te propone es un juego mental de opciones irrelevantes que esconden un único desenlace, con dos cursos de acción diferentes: despertar o soñar.*

En resumen, hay una elección, es la única elección que el ser humano puede tomar, pues todas las demás son una fantasía. ¿Y cuál es esa única decisión? Despertar o seguir soñando. Si me apuras, ni siquiera esa decisión es real, ya que hay un destino inevitable: despertar. El concepto de elegir es muy atractivo para el ego, porque fue él quién lo inventó, pero es tan irreal como él mismo. Por el momento, solamente has de dar respuesta a esto: ¿despertar o seguir durmiendo?

27. LIBERTAD INCONDICIONAL

Dime de qué tratas de liberarte y te diré qué es lo que te atrapa.

Si en el sueño concedes realidad a lo que te parece real, eso mismo quedará fijado en tu sueño, lo crearás en él y no podrá no estar en tu sueño. Si lo haces real en tu mente, se hace real en tu mundo. Y si estás tratando de liberarte de ello es que para ti es real. De lo contrario, ¿quién querría deshacerse de algo en lo que no cree?

¿Has visto a una persona mientras duerme gesticular dormida tratando de escapar de una amenaza imaginaria? Pues así mismo están todas las personas que ahora mismo están fabricando el miedo en su vida, tratando de liberarse de una fantasía en el sueño... ¡que han creado ellas mismas!

Imagina por un momento que no tienes que gustar a nadie, ni deseas ser reconocido, que no pretendes establecer tu valía, ni demostrar nada a nadie, ni pretendes ser amado... Eso es libertad. Vamos a ampliar esa percepción de la libertad para que no sea un concepto ambiguo.

Imagina que vives con estas seis libertades:

1. **Libre de ego**, deshacerte de la dictadura del ego y pasar de la vocecita, gritona y malhumorada, y de todos sus berrinches.
2. **Libre de miedo**, desde la ausencia de temor, libre de sufrimiento; es decir: miedo cero.
3. **Libre de conflictos**, en perfecta paz interior. Sin peleas, discusiones o trifulcas verbales. Nada de malos rollos.
4. **Libre de la opinión ajena**, sin necesitar agradar a nadie, ni estar suplicando su aprobación y aceptación.
5. **Libre de culpa**, desde la inocencia absoluta, sin remordimientos, ni juzgando a otros y culpándoles.
6. **Libre de escasez**, viviendo con tus asuntos materiales resueltos para siempre, sin tener que preocuparte del dinero. Vamos, abundancia por un tubo.

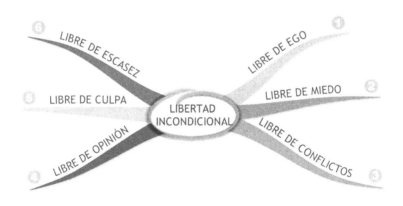

Libertad Incondicional, al 100%. ¿Puedes imaginarlo? Si es que sí, entonces puedes manifestarlo. La imaginación es el puente que conduce un sueño de la conciencia al mundo.

A la *check list* de arriba de seis puntos le llamo "libertad incondicional", porque no necesitas que se dé ninguna condición para sentirte libre al 100%. Libertad en todos los ámbitos y en todo momento.

Imagina cómo se sentirá una persona que circula por el mundo con esa libertad sin límites.

He de decirte que hay un nivel de conciencia, por encima del cual todo eso ocurre de forma natural. Lo antinatural es vivir bajo el peso del ego y de todos sus problemas auto creados. No hay problemas mayores o menores, no tiene sentido graduar los problemas, todos son iguales: una confusión en la mente. Si crees en el tamaño de los problemas estarás obligado a creer en el tamaño de las soluciones; y por tanto en la dificultad. En el mundo no hay problemas, solo en la mente puede haberlos; y los problemas son siempre el mismo: la creencia en la separación.

Naciste libre, o casi ya que tu cuerpo te condiciona para creer en la separación, pero todas las cadenas te las pusiste tú. Poco a poco, forjaste "barrotes mentales" que hoy te encierran en tu celda invisible.

Pero fíjate en esto: lo real es inmutable y lo irreal es cambiante. Ahora, dime ¿cómo son tus problemas? Cambiantes en forma y grado ¿verdad? Esa es la prueba de que no son reales. Y lo que es más, tus problemas provienen de las necesidades de tu cuerpo… pero ya sabes que tu cuerpo no es real (no digo que no exista en el sueño, solo digo que no es real al no tener relación con tu identidad), así que sus problemas tampoco lo son. Resuelto.

Desde el ego nunca podrás resolver ni un solo problema, porque el propio ego es su causa. Elimina la causa y eliminarás los efectos. De hecho, ni siquiera el ego es el problema, ya que no existe; el único problema es tu identificación con el ego.

Te preguntarás dónde hay que hacer cola para conseguir semejante libertad. La mala noticia es que no se trata de hacer nada. Eso sería demasiado sencillo. Se trata de ser, lo cual es más complejo. Porque es muy fácil cambiar lo que uno hace pero no lo es tanto dejar de ser el de siempre y pasar a otro estado mental.

El conocimiento esencial te libera de todas las supuestas cadenas (prejuicios).

Sé que necesitas profundizar, para ello te recomiendo seguir mi video curso "Libertad Incondicional", disponible en mi video escuela on line: http://raimonsamso.info ; y verás como después de visionar una serie de ocho horas de videos, entenderás cómo convertirte en una persona libre al 100%. Adicionalmente leer: "El Código de la Manifestación" (Ediciones Obelisco) hará una gran diferencia en un par de horas de lectura.

De momento te anticipo que te ayudará a:

1. Desenmascarar tu identidad inventada o ego.
2. Autorevelar tu auténtica identidad.
3. Aplicar la Ley de la Asunción en tres pasos con el Proceso Milagro.
4. Elevar tu nivel de conciencia al nivel de los deseos cumplidos.
5. Hacer tus encargos al Universo.

Si quieres ayudar a otros, debes adentrarte más en la madriguera que habitan, pero a la vez recordar el camino de salida para poder sacarles de allí.

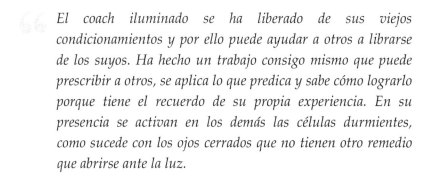

El coach iluminado se ha liberado de sus viejos condicionamientos y por ello puede ayudar a otros a librarse de los suyos. Ha hecho un trabajo consigo mismo que puede prescribir a otros, se aplica lo que predica y sabe cómo lograrlo porque tiene el recuerdo de su propia experiencia. En su presencia se activan en los demás las células durmientes, como sucede con los ojos cerrados que no tienen otro remedio que abrirse ante la luz.

La libertad es el más alto valor al que podemos aspirar, pues desde la esclavitud mental ninguna realización es posible. Libertad para ser quienes somos en realidad.

Es fácil comprender que la libertad exige no estar sujeto a ningún mandato del ego. Dentro del sueño no hay libertad, uno se ve abocado a cumplir el guión inventado. Pero, por fortuna, existe una ventana de libertad disponible: el sueño lúcido. Es la posibilidad de tener un atisbo de realidad dentro la fantasía. Un instante de lucidez en la confusión del durmiente. Y desde ese momento ya no podrá dejar de saber que hay otro modo de estar en el mundo.

Las personas son esclavas de aquello que no ven pero que domina su vida: sus condicionamientos.

La libertad incondicional se concreta en un estilo de vida ligero. Más que un derecho, la libertad es una elección. Esta elección implica renuncias a las que el ego se resiste. La libertad es una conquista espiritual del individuo que ha trascendido sus limitaciones imaginarias.

Si quieres obtener la libertad, antes tendrás que concedértela.

28. AGRADECIMIENTO INFUNDADO

Gracias por todo y por nada.

Me gusta este término, que acuñé durante una de mis conferencias. Parece un oximorón, una expresión contradictoria, pero eso solo puede ocurrir en el mundo; en la realidad, en cambio, es una verdad.

Como sucede con todo, a agradecer se aprende practicando. No de vez en cuando, sino a diario. Y en cualquier circunstancia, no solo cuando las cosas parecen ir sobre ruedas.

El agradecimiento infundado no necesita de condiciones.

Conseguir la maestría en el agradecimiento implica pasar por tres fases, por así decirlo. Veámoslas a continuación. Mientras, imagina que subes por una escalera de agradecimiento, al final de la cual te aguarda el estado de Gracia pura.

Fase 1. El agradecimiento es una palabra sin significado. No está ni remotamente en el vocabulario personal. En esta fase, uno siente que no debe nada de nada; al contrario, la vida, el mundo y los demás le deben todo. Es un estado de merecimiento sin causa. Todo son derechos y ningún deber. Parece como si solo por andar por aquí se le deba todo a uno. Mentalidad para la que existen los derechos desvinculados de deberes.

Fase 2. La palabra "gracias" resulta habitual. Se es agradecido cuando ocurre algo agradable. Es un hábito social de buena educación. Es agradecimiento verbal, no tanto emocional. Como mucho se siente gratitud, pero en respuesta a sucesos auspiciosos. Agradecer es un efecto de una causa previa. Un automatismo. En el fondo es un toma y daca: hay que recibir antes para después agradecer. No está mal, pero deja mucho que desear y es mejorable.

Fase 3. La gratitud es una actitud ante la vida, es un agradecimiento interno y silencioso que no cesa. Se siente gratitud por todo y por nada, no haciendo falta ninguna razón para estar agradecido. Es la gratitud infundada, sin causa previa, no basada en ninguna razón. Se agradece por el profundo sentimiento que supone hacerlo, sin esperar nada a cambio, ni antes ni después. Y sobre todo, y esto es lo más importante, sea cual sea la situación: a las duras y a las maduras.

Tres fases, tres estados de conciencia.

Quiero señalar que la fase 1 se corresponde con las personas que están profundamente dormidas (victimistas). La fase 2, es típica de personas sumidas en un sueño lúcido, que se dan cuenta de que están soñando (empoderados). La fase 3 es la de las personas despiertas y, por tanto, iluminadas. Viven un estado de Gracia debido a su gratitud infundada (iluminados).

En el fondo, dar gracias es darte algo a ti (estado de Gracia), no es para los demás. Es un acto de inteligencia para contigo mismo: te das todo. Míralo así, como un "egoísmo iluminado".

 Como coach iluminado, te encontrarás a muchas personas dormidas que se quejan de su suerte y que juzgan y culpan al mundo de sus dificultades. Tu labor es extender el

agradecimiento infundado, y mostrarlo como una alternativa al sufrimiento auto inflingido. La simple exposición de esta actitud abrirá una nueva visión en quienes te rodean. El residuo de cordura que aún queda en esas personas, actuará de espoleta y se encargará de lo demás.

Reconócelo: dar gracias cuando sucede algo bueno no tiene ningún mérito (eso es lo fácil), cualquiera puede hacerlo (menos los que duermen profundamente y están instalados en el desagradecimiento radical). No tiene ningún mérito. La maestría está en la fase tres: agradecimiento por nada de nada… ¿Por qué, si no?

Mira este cuadro:

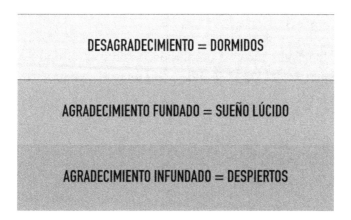

Código: la zona gris (1ª línea) es el sueño profundo e infeliz; la azul (2ª línea) es el sueño feliz mejorado, y la roja (3ª línea) es el despertar.

Todo humano habita en uno de esos tres estados de gratitud. Son tres niveles de conciencia muy diferentes en los que suceden eventos también muy distintos. Normalmente hay una evolución ascendente aunque también se registra un estancamiento en los primeros niveles. Lo bueno empieza en lo alto de la escalera, donde los milagros se convierten en algo normal y natural. Es el umbral del estado de Gracia, del que te hablaré en el siguiente capítulo.

Los milagros son un cambio de mentalidad (invierten la percepción), por eso tienen sentido en el mundo pero no en la realidad. Apenas son un mecanismo de ajuste y corrección mental muy superficial. Corrigen cómo percibimos y pensamos.

Un milagro es un pensamiento correctivo de un pensamiento de separación. No cambia nada en el mundo, el cual es una proyección, pero cambia la mente, la cual es creativa.

En este libro, propongo cambiar la palabra agradecimiento por la de "agraciamiento", y agradecido por "agraciado". En el primer caso se necesita una causa, en el segundo caso no es necesaria ninguna causa. Y es precisamente este estado de Gracia el que activa la causa de todas las cosas deseadas.

Vamos a bajar el concepto de agradecimiento infundado a tierra, y poner ejemplos. Uno puede agradecer incluso intangibles inexistentes:

1. Un abrazo aún no recibido.
2. Una lectura aún no escrita.
3. Un día aún no vivido.
4. Una sonrisa aún no compartida.
5. Un aprendizaje a la vuelta de la esquina.
6. Un regalo que no ha sido comprado.

¿Cómo proceder? Cada mañana, poco después de despertarte, recuerda repasar tu lista de agradecimientos. Eso marcará el tono de la jornada y te acercará a todo aquello que agradeces, porque has activado el botón que te lo concederá. El agradecimiento es la emoción del deseo cumplido y a eso no hay nada que pueda resistirse. La gratitud es uno de los doce códigos de la manifestación que establecí en mi libro sobre ese tema.

La gratitud crea cambios en tu conciencia. Por un lado, es la emoción que alienta la felicidad. Cuanta más gratitud sientes más te acercas al sentimiento de felicidad. Por otro lado, la gratitud es el salvoconducto para una conciencia que descarta las percepciones de separación y de miedo. En resumen, la gratitud te conduce a la felicidad y a la percepción correcta.

Ahora ya sabes porque algunas personas consiguen fácilmente lo que desean y otras no: el estado de Gracia.

En lo alto de la escalera, de tres peldaños, el estado de Gracia: cuando agradeces por el placer de hacerlo sin justificaciones, de forma infundada. Entonces la vida, en correspondencia, se abre y te ofrece más de lo que es posible agradecer. No es un premio, es correlación pura y directa con todo.

Resumiendo:

- Gracias es el mantra más poderoso.
- Gracias es la oración más corta.
- Gracias es la contraseña a la abundancia.

Lo dicho: agradece y lo conseguirás todo.

29. EL ESTADO DE GRACIA

El estado de Gracia es el estado de los dones.

Tienes un don porque tú te lo das; o al menos te permites recibirlo. Lo cual resulta incomprensible para alguien que vive en un nivel muy básico de conciencia. Esta afirmación de inicio de capítulo le sonará a chiste. No puede imaginar un estado mental en el que la facilidad sea la norma y el logro esté garantizado. Pero, a medida que va ascendiendo a nuevos niveles de conciencia, las vistas desde lo alto cambian, y surgen nuevos horizontes.

El ascenso de la conciencia tiene, por así decirlo, sus fases:

1. **Victimismo**: parece que nada depende de ti, sino de la buena o mala suerte. Se vive en un mundo de víctimas y victimarios, de inocentes y culpables; un mundo de separación en el que gana el más fuerte. Y no hay nada que hacer al respecto, salvo competir. Es el escenario del sufrimiento.
2. **Empoderamiento**: todo depende de uno mismo, es preciso esforzarse, aprender, mejorarse, y trabajar duro para

conseguir el éxito. Empoderarse para batir obstáculos y retos. Es el escenario del cambio personal.

3. **Despertar**: aquí no existe la separación ni la individualidad. No hay que hacer nada, sino ser. No se trata de hacer más, sino menos; pero desde un enfoque espiritual. Se produce una epifanía puntual: por fin se ve claro el juego de la vida; pero esa claridad se pierde de vista muy a menudo. Es el escenario de la autorevelación.

4. **Iluminación**: aquí se vive, en todo momento, desde la realidad del Ser, sin olvidar qué o quién somos, sea cual sea la situación. Es el escenario del despertar, en todo momento y situación, lo que inspira a otros a su despertar.

Si la primera fase supone una experiencia de "desGracia", la cuarta es una experiencia de "Gracia". Experimentar la Gracia no es algo que uno pueda concederse a sí mismo, pero sí que puede abrirse a experimentarla para así poder recibirla. No es un estado extraordinario, sino que es el estado natural aunque olvidado por el ser humano. Solo cuando es recuperado, la paz y la felicidad sin límites son posibles.

Conocer la luz es conocer la Gracia.

Haz un repaso mental de personas que conoces y trata de asignarles una de esas cuatro fases. ¿A que es sencillo enmarcarles en alguna de ellas? Ahora ten presente que sea cual sea su actual nivel de conciencia, la fase cuatro les es inevitable y segura. ¿No resulta tranquilizador?

Vivir en la Gracia es ejercer de canal para la consciencia Divina y convertir la vida en una "franquicia de Dios" de lo que te hablaré en el capítulo siguiente. Imagina tener a la inteligencia pura a tu disponibilidad 24x7. Pues bien, a eso me refiero. Hilo directo, teléfono rojo, con la inteligencia creativa del universo. Presencia al 100%, milagros al por mayor.

La Gracia supone ausencia total de esfuerzo. Es la facilidad absoluta.

Trata de recordar cuando eras un bebé, y estabas en brazos de tu madre, y te confiabas a ella plenamente. Sus brazos eran para ti el mejor lugar del universo, donde no había nada que temer. Ahora multiplica esa sensación por infinito, y eso es lo que obtendrás en el estado de Gracia.

- Confianza al 100%
- Certeza al 100%
- Despreocupación al 100%

La Gracia es un estado en el que uno sabe intuitivamente cuándo hay que actuar y cuándo no hacer nada y delegar en el Gerente Universal. Cuándo insistir y cuándo abandonar. No es conocimiento intelectual sino esencial; una conexión con la Fuente que hemos perdido.

Perdida esa conexión, los humanos viven desde la abdicación de su poder real, caen en una rendición y resignación.

Vivir desde la Gracia es otra cosa. De alguna manera, sabes que has hecho todo lo que estaba en tu mano, y que insistir es contraproducente. En ese momento, estás muy tranquilo acerca de los resultados porque tienes la conciencia en paz. Con una calma interior mil veces más valiosa que los resultados esperados. Si ocurre lo deseado, bien; sino sucede también.

Sabes que cuando una puerta se cierra, otra se abre. Que no hay pérdida ni fracaso. Que siempre estás ganando aún cuando parece que pierdes. Esa certeza se debe a saber que eres llevado en brazos de la mayor inteligencia que puedas imaginar.

Puedes esperar a la próxima oportunidad para rendirte a la Gracia. Y como *coach* iluminado te preguntas: ¿cómo podías antes vivir de otra manera? ¿Cómo pudiste enredarte tanto mentalmente? En tu trato con las personas eres compasivo con sus necesidades, deseos y sueños. Sabes que conseguirlos será el preludio del estado de Gracia.

Entregas todos tus pasos al amor para que te guíe, para que te diga adónde ir y qué hacer, pensar y decir. Sin objetivos personales, nada de agendas secretas. A fin de cuentas, queda muy claro que no tienes ni la menor idea de qué es lo mejor para ti, así que ¿por qué no desprenderte también de eso?

Personalmente, cuando escribo entrego cada página al amor para que encuentre las palabras adecuadas a las ideas que quieren ser expresadas a través de mí. ¿Este o cualquiera de mis libros es mío? Me temo que no, tan solo gestiono sus derechos intelectuales. Soy una mano que escribe; menos que eso: soy un lápiz que toma notas. Menos aún… soy nada que se entrega al Todo.

Así que descubres que hay algo mejor que conseguir tus deseos.

 El coach iluminado quiere empoderar a su cliente de verdad, no solo para que consiga el éxito, sino también, y sobre todo, para que no necesite el éxito. Para que se centre en trascender el éxito y convierta ese fin en el principio de algo mucho mejor. Ese es el mejor regalo que puede ofrecerle a su cliente: hacer que no necesite más regalos de la vida y que el regalo sea él mismo.

El gran regalo de la vida es tu Yo Soy.

Si dominas los doce poderes de "El Código de la Manifestación", sabrás que cuando entras en estado de Gracia ya no hay nada más que hacer pues todo ocurre de forma fácil por sí mismo. Ese estado de Gracia es un nivel de conciencia que te deja a las puertas de la consciencia pura (el estado de los milagros espontáneos).

Acabas de descubrir que el gran regalo no es obtener lo que deseas, sino descubrir quién eres y conectar con el poder que puede concedértelo. Cuando sabes que puedes tenerlo todo, dejas de necesitarlo, de quererlo, porque no precisas de premios de consolación. Y te basta con saber que lo que sea que precises estará allí por la Gracia de la inteligencia que crea universos.

En este capítulo has aprendido como pasar de la desGracia a la Gracia.

30. LA FRANQUICIA DE DIOS

Hay un método o sistema, y funciona.

En el mundo de las cosas materiales puedes tratar de conseguir tus deseos por ti mismo, a solas, sin apelar a la inspiración del Espíritu, recurriendo a tu esfuerzo y tu sacrificio. Puedes entregarlos al pequeño yo, ego, y dejar que con probabilidad el uso de la fuerza lo estropee todo. O bien, puedes delegar en el "Gerente Universal": entregarlos al Yo Soy y permitir que las cosas sucedan por sí mismas, sin necesidad de usar la fuerza.

En este segundo caso, cuando actúas inspirado y apoyado, gestionas lo que yo llamo una "franquicia de Dios". Él tiene el plan completo, el método, todos los recursos y los medios, el plan de marketing perfecto, y la seguridad en el resultado perfecto, además de contar con la eternidad para conseguirlo. Es como disponer de la plantilla del éxito seguro al 100%. Y tú solo tienes que aplicarlo y replicar un método o sistema probado. Y lo mejor de todo: funciona.¿A quién no le gustaría disponer de tal franquicia?

Por extraño que parezca, a las personas con un nivel de conciencia básico se sienten más atraídas por la fuerza del ego que por el poder de la Presencia del Yo Soy. No confían, no entregan, no sueltan, no cooperan. La raíz de su error está en no reconocer el poder al que pueden recurrir; y en consecuencia, tratan de hacerlo todo por la fuerza o por sí mismos.

Es como elegir entre abrir una tienda por tu cuenta y riesgo o bien establecer una "franquicia de Dios". Una franquicia proporciona al franquiciado un método, un saber hacer o *know-how*. Imagina disponer de las claves para manifestar todo lo que deseas… cuánto tiempo y esfuerzos te ahorrarías.

Cuando entregas tus deseos a la Presencia nunca te equivocas. Pero cuando entregas tus deseos al ego, a la mente separada, puedes acabar perdiéndote en laberintos con resultado incierto.

No solo no sabemos qué es mejor para nosotros, sino que además en caso de conocerlo ignoramos cómo manifestarlo. Este doble problema queda resuelto en una franquicia de Dios: descubres qué debes hacer, cuándo y cómo hacerlo para lograr el resultado perfecto. Todas las veces. Francamente, tal y como están las cosas, no entiendo porque tantas personas se empeñan en hacer las cosas a su manera. De modo que no me extraña que el éxito sea tan infrecuente.

Ahora bien, ¿de dónde provienen los deseos? Esa palabra es solo una etiqueta, un concepto. De hecho, "deseo" es una palabra irreal, de un sujeto tan irreal como el ego. En la misma palabra, deseo, se incluye la presuposición de que a alguien le falta algo, o de que uno puede no conseguir lo que quiere… Mal vamos.

Imagino que estás pensando que entregar y franquiciar tus deseos a la Presencia Yo Soy es como renunciar a ellos. Pero antes de formarte una idea preconcebida, déjame decirte que los deseos que crees tener no son de nadie, porque tu pequeño yo ni siquiera existe.

 Como coach iluminado deberás descifrar la verdad detrás de

los objetivos que te plantea tu cliente. Son cortinas de humo que esconden un único fin. Si le vas preguntando "¿Para qué quieres eso?" una y otra vez, descubrirás que siempre acaba por responder: para ser feliz, para sentirme realizado o para estar en perfecta paz. Todos los que caminan por el planeta quieren lo mismo, por esa razón sabes que no hay nadie diferente.

Un deseo es una desnaturalización del impulso creativo o intención creativa. Eso es lo único que existe y proviene siempre de la Presencia, de la realidad, del Ser... Lo que ocurre es que ese impulso creativo es reinterpretado por el ego, que lo reformula como deseo, necesidad u objetivo. En realidad, solo hay un único impulso creativo, que es la voluntad del amor de extenderse.

Si ese impulso creativo es aprehendido por la "mente errónea", que ha olvidado por completo su naturaleza divina, se convertirá en un deseo del ego. Incluso puede ser un deseo destructivo, ya que en el ego está la voluntad de construir y también de destruir, pero siempre con un meta objetivo: alcanzar la felicidad. (Sí, el ego puede destruir a otros con el fin de tratar de alcanzar su felicidad). Extraño pero frecuente.

Si ese impulso creativo es apropiado por la "mente correcta", que no ha olvidado su identidad divina, lo entregará al Yo Soy, y se dejará inspirar. Como esa mente no dual no ambiciona nada salvo mantenerse despierta y cuerda, permitirá que ese "impulso creativo" se convierta en algo coherente con su fuente de procedencia. Lógico pero infrecuente.

Todo ser humano solo tiene un único deseo y es el de ser feliz, volver a casa, para experimentar la realización... Cuando ese "impulso creativo" se canaliza desde el ego (bajo nivel de conciencia) se convertirá en cualquier clase de objetivo carente de poder. Cuando ese impulso creativo se canaliza desde el Espíritu (elevado nivel de conciencia) se convertirá en una manifestación de poder. Todas las acciones buenas y malas de la historia de la humanidad tienen esa misma aspiración: procurar felicidad. Otra cosa es el medio que utilizan.

Todo lo que necesitas es recordar que eres amor. Sabiendo eso no necesitarás de premios de consolación.

En resumen, todas las personas tienen un único e idéntico deseo (ser feliz) que canalizan de dos formas distintas: desde el amor o desde el temor. Las primeras tienen el apoyo de la Presencia divina. Las segundas precisan de todo el esfuerzo del ego. La forma de lo deseado es irrelevante, lo esencial es reconocer ese anhelo inherente de felicidad y entender que a solas no conseguimos nada de mayor importancia; pero cuando somos coherentes con nuestra verdadera identidad, lo conseguimos todo.

Renuncia a la forma de tu deseo y entrega el anhelo para que se manifieste de la mejor manera.

Porque antes de que te des cuenta, un día llegará a ti un anuncio por palabras del Universo:

"Se busca gerente para gestionar una franquicia de Dios en el planeta Tierra. Se aporta método o sistema comprobado, con inmejorable índice de casos de éxito. Se ofrecen excelentes condiciones, retribución y prestaciones sociales. Se requiere competencia en milagros predecibles aunque no se exigirán diplomaturas o acreditaciones. Tampoco es imprescindible aportar experiencia previa, al darse un período de formación. No se precisan referencias. Y no se descartará ninguna candidatura por razones de nacionalidad, color, edad, credo o sexo. Curiosos abstenerse".

Y decidirás responder al anuncio que en realidad es un llamado del corazón. Todos somos llamados. Te presentarás voluntario porque todos tus planes anteriores, o han fracasado, o han tenido un resultado muy desigual. Te has cansado de probar por tu cuenta y quieres contar con el mejor socio imaginable, para ir a lo seguro. Y lo seguro es que tu ego ha demostrado sobradamente su ineptitud para acompañarte hacia la felicidad. Así que decidirás probar a entregarte al plan de Dios y ver qué pasa.

Bienvenido a la realidad.

31. EL COACH ILUMINADO

Todo *coach* desea ayudar a otros para ayudarse a sí mismo. Y ser un mentor espiritual.

Un monje budista manifiesta no tener deseos, y entonces crea un nuevo objetivo pues está deseando no desear. No puede librarse del deseo. Pero al menos se libra del 99% de los deseos. No tener deseos es su último deseo, detrás del cual no ha de venir ningún otro.

Yo quise ser un *coach* sin objetivos, pero me encontré con que ese objetivo también era un objetivo. Concluí que sería el último de los objetivos y el que me permitiría despertar a la consciencia pura.

Una persona iluminada o consciente no tiene objetivos.

Tal vez su único objetivo es no volver a tener objetivos o mantenerse despierto para no caer en el sueño de tener objetivos y cumplirlos. Lo cual resulta aceptable.

Se ha desprendido de su "voluntad personal" ya que desea ser coherente con la vida impersonal (¿de qué persona hablamos?). Ha mirado dentro de sí mismo y ha descubierto que lo que desea (voluntad personal) es tan ilusorio como quién lo desea (el ego o yo ilusorio).

Su valor máximo es la libertad, por lo que decide liberarse de su identidad fícticia (ego) y de los contenidos de su identidad fícticia (deseos personales). Franquea la puerta que separa lo personal de lo impersonal. Pasa de la oscuridad a la luz, del sueño a la vigilia.

Su única tarea en el mundo es mantenerse despierto, no caer de nuevo en el sueño. Y si eso sucediera, necesita volver a despertar cuanto antes. Se podría decir que el *coach* iluminado ha trascendido todos los deseos propios del sueño y que únicamente se afana en mantenerse en el estado de claridad que tanto le ha costado obtener.

La libertad es dejar de estar encerrado en un sueño.

Según los místicos, entregar los objetivos personales a la Presencia del Amor perfecto, hace que obtengas lo inimaginable. Como no es fácil imaginar ese beneficio, es sencillo renunciar a conseguirlo. Así que si vas a jugar al juego de los deseos, entra en la *Premier League* o Campeonato de los Dioses, una categoría al nivel de tu grandeza. Sustituye tus objetivos imaginables por los inimaginables.

No tienes ni idea de lo que más necesitas, y esta lectura te invita reconocerlo. Reconocer es conocer de nuevo, en el sentido que recuperas lo que antes ya has gozado.

Si la entrega de todos tus objetivos personales, a la guía del amor, te aterroriza, es que estás leyendo este libro desde el ego, al revés. Trata de conectar con la parte de ti que sabe que hay una libertad infinita más allá de lo que crees desear o necesitar. Desde ahí lo conseguirás todo. Permite que te alcance un poder completamente diferente a todo lo que conoces.

Sé que muchos pensarán que si entregan sus deseos y su control, nunca conseguirán nada en la vida. Pero antes de llegar a semejante conclusión sería bueno averiguar si alguien sabe en realidad lo que quiere de verdad o lo que necesita realmente. Hay una inmensa confusión al respecto.

En realidad no se está renunciando a nada ya que la voluntad personal no es real (no hay nadie que pueda querer algo). Renunciar a nada es perder nada.

Una persona despierta no tiene objetivos que cumplir dentro del sueño. Todo sueño es conflictivo porque se basa en los deseos caóticos del ego. Si esa persona sigue buscando el significado de la vida es que sigue dormida, y soñando que eso es posible. Como has aprendido en este libro, la vida solo tiene un objetivo: despertar. No amontonar metas y más metas ficticias establecidas por un personaje ficticio, dentro de la ficción de un sueño memorable.

Cuando te cruces con alguien que afirma: "Estoy buscando un propósito, una misión, un sentido a la vida…" es que está muy dormido. Está desconectado de sí mismo. No sabe quién es, ni cuál es su situación. No le digas que trata de tomar una decisión imposible, puesto que cualquier cosa que elija en el mundo es puro *atrezzo* de cartón piedra. Y ni siquiera es una elección posible.

Deséale un feliz sueño.

¿Alguna vez has tratado de encontrar sentido a un sueño nocturno? ¿Y qué es lo que pasó? Te rendiste a la cualidad surrealista de lo onírico. Entonces ¿por qué harías lo mismo con el sueño diurno? A estas alturas, imagino que el mundo de las cosas te parece a menudo muy surrealista. ¿No es así? Pues bien, cuando más increíble te parezca, más cerca estás de despertar.

La falta de claridad hace que los sueños diurnos y los nocturnos parezcan muy diferentes, unos reales y otros ficticios. Pero no hay otra diferencia que el nivel de su forma. Ambos sueños son una negación de la realidad.

 El coach iluminado, la persona despierta, deja de interesarse

por metas y logros. Las palabras triunfar y fracasar le suenan vacías de sentido. Para él despertar es un millón de veces más real que encontrar sentido y significado. Y cualquier logro en el mundo de las cosas, es una anécdota irrelevante. No sueña, ni siquiera tiene sueños felices. Hay algo mucho mejor que todo eso: despertar. Y como coach ya no alienta fantasías en los egos que contratan sus servicios. En su lugar, se convierte en mentor espiritual para inspirar el despertar. El coach iluminado deja de hacer preguntas y más preguntas a sus clientes. Pierde incluso la cualidad de entrenador o coach. Y pasa a adoptar un rol de mentor desde la inspiración.

Me temo que al *coach* despierto solo le queda una opción y es acabar dejando la profesión del *coaching* convencional para no seguir alimentando la ficción. Le queda, no obstante, convertirse en mentor espiritual, que es una mezcla entre líder y maestro; tal vez consiste en ser guía. Es esa la razón por la que quedan tantos *coaches* mediocres: están tan dormidos como sus clientes. Inflan los sueños (o al menos los mejoran), de quienes están soñando, enseñándoles equivocadamente que pueden ser mejores de lo que son.

En este sentido, expresiones habituales del *coach* dormido tales como: *"sacar tu mejor yo, reinventarse, superarse, mejorar, triunfar"*... etc. son ficciones dentro de la gran entelequia que es el sueño colectivo humano. Estaría mucho mejor proponerles únicamente: despertar; aunque... ¿quién entendería ese mensaje? La buena noticia es que el *coach* dormido algún día va a despertar.

Un *coach* despierto o iluminado tiene por sí mismo valor absoluto, sin necesidad de que tenga que servir a nadie de ninguna manera. Su sola presencia en el mundo aumenta el nivel de conciencia colectivo y apoya un cambio global imparable. Si te preguntas cuántas personas iluminadas son necesarias para transformar el mundo, la respuesta es una. Si miramos atrás en la historia, veremos que algunos hermanos más avanzados ya abrieron la puerta.

Un *coach* despierto es una invitación poderosa a despertar para muchas otras personas. Su meta es la luz y la luz atrae a todos los seres.

En resumen, conseguir objetivos vale la pena aunque solo sea para trascender después la necesidad de lograr objetivos; y no necesitarlos como compensación. Esto es un objetivo en sí mismo, con lo que volvemos al inicio del capítulo pero también al principio de despertar.

Allí donde te encuentres sé un punto de luz que disuelva la inconsciencia.

32. QUÉ ESPERAR DESPUÉS DE LA LECTURA

Hoy no terminas un libro, empiezas tu franquicia de Dios.

Si has llegado hasta esta página, empiezas a tener claro que no hay nada que hacer y ninguna parte a la que ir. Por lo tanto, no tienes nada que conseguir. Ahora eres poderoso y caminas liviano.

La necesidad que tenías al comprar este libro ha desaparecido. No precisas aprender, porque el aprendizaje implica la existencia de un sujeto carente de un conocimiento. Y no se da ninguno de esos supuestos: no hay sujeto y tampoco carencias que cubrir. Ahora sabes que lo que siempre has sido no necesita aprender nada y que no carece de nada. Qué gran alivio, menudo descanso.

El hecho de haber escogido esta lectura revela tu intención secreta de despertar, y la propia intención dispone de sus resortes para que eso ocurra por sí mismo y fácilmente. A fin de cuentas, si despertar es tu voluntad (y es el único propósito real) nada podrá evitarlo.

Si te preguntas cuándo y cómo ocurrirá, es que sigues creyendo en caminos y procesos que se enmarcan en el tiempo, en los planes. Pero como has profundizado en la lectura, sabes que no los hay, que el tiempo desaparece en la realidad y los planes personales en la entrega impersonal. Este momento es perfecto: como no careces de nada, no tiene ninguna imperfección.

Hay una única meta y esa meta te pertenece por completo, y en consecuencia también te pertenecen los medios que te llevan a ella. No trates de entender cómo se coordinarán esos medios para cumplir tu objetivo, pues hacerlo está más allá del entendimiento humano. Solo sabe que así será. ¿Cuándo te ha fallado el Amor?

Puedes ver que todo lo que ocurre en el sueño es una invitación a despertar. Puedes aceptarla ahora o puedes posponerla para otro momento; sin embargo, no puedes rechazarla. Este sueño nace de una duda que ya ha sido resuelta, y esa duda fue tan inocente que no puede tener efectos. Es un paréntesis cerrado en la eternidad completa y perfecta. No hay nada que temer ni perdonar. Qué alivio es saberse libre de culpa.

No esperes que la iluminación resuelva tus problemas mundanos, aunque puedes esperar que no vivirlos como antes. Los demás te verán diferente aunque nada habrá cambiado en tus circunstancias aparentes. Te desidentificarás de tu personaje, sentirás compasión por sus andanzas y desventuras, y verás que la vida es un juego que jugar. En el que nadie pierde y nadie gana. Es un juego de la imaginación porque en realidad no ha ocurrido. Ahora sabes que el espíritu siempre ha estado iluminado (eres luz) y que es la mente la que se ilumina.

No esperes experiencias psíquicas, esotéricas, místicas, extrasensoriales, ni nada parecido. Volver a la verdad lo hace todo muy claro y sencillo. Regresar de la anomalía es la nueva normalidad. Todos los milagros cotidianos que te ocurrirán no se producirán en el mundo de la forma sino en tu percepción. En este sentido, cualquier cambio de percepción es un auténtico milagro porque tiene efectos en el mundo. Habitúate a esos milagros, aunque no serás tú (¿qué tú?) quien los origine, sino el Amor.

El coach iluminado sigue ocupándose de su vida, o mejor dicho de representarla mientras la observa con desapego. El mayor cambio es que ahora se siente un ser impersonal libre de condicionamientos y necesidades. Y eso le da la libertad incondicional que buscaba. El ser espiritual ora et labora, en su vida cotidiana. Está en el mundo aunque sabe que no es allí donde pertenece. Sigue la corriente a los acontecimientos. Y rodeado de luz sigue lavando los platos cada día.

Y así descubres que hay algo mucho mejor que la voluntad personal y es vivir desde el Espíritu. Eso te da una certeza y una seguridad sin precedentes. Te relaja, y te conduce de un estado demente, a un estado lúcido de flujo y Gracia. Toma entonces sentido para ti aquello de que: para conseguirlo todo (lo que es verdadero) es preciso renunciar a todo (lo que es falso).

Ahora aspiras a la libertad incondicional porque sabes que es una de las maneras de despertar más rápidas y seguras. Y renunciar a la ilusión del yo separado es el pasaporte, tu salvoconducto. Entras en el flujo del estado de Gracia y lo compruebas.

Tal vez has estado preguntándote cuál era el propósito de tu existencia y tal vez has trazado una misión de vida. Y ahora sabes que tu única intención es despertar; el único objetivo consiste en despertar a tu verdadera identidad.

Ya sabes que hay otro modo de percibir tu mundo. Y has tomado una decisión interna al respecto. Con esta lectura muchas cosas han empezado a cambiar. Día sí y día también, serás testigo de la naturaleza ilusoria del mundo. No lo juzgarás ni bueno ni malo, más bien despertará tu compasión por todos los seres que andan buscando una razón-señuelo para vivir. Recuerda que no saben quién o qué son. Todavía.

Y cada vez que seas consciente de la Presencia en ti, estarás reforzando tu nueva percepción. Esta nueva visión crecerá en ti y nutrirás tu despertar, adentrándote en el estado de Gracia. Sé consciente y te mantendrás despierto allí donde los demás sucumben al engaño de la Matrix. A partir de ahora, tu mayor voluntad será mantenerte despierto. No regresar de nuevo al sueño. Mientras te mantengas atento y despierto dispondrás de una perspectiva apacible. No es que no te vayan a ocurrir cosas; no entrarás en el nirvana, ni levitarás… pero ya no te perderás en los culebrones de la dualidad, la separación y el sufrimiento auto inflingido.

Seguirás caminando por el mundo pero ya no buscarás nada porque no te hará falta nada, salvo mantener la Presencia despierta en ti. Despertar no es el final de nada, salvo del sueño pesadilla. Así es, despertar no te ha dado nada, y no concuerda con ninguna expectativa místico-esotérica que pudieras tener. Pero te conduce a un estado muy plácido: ya no te importa nada conseguir esto o aquello. Has dejado de esperar cosas. Has salido del sueño de esperar logros para completar tu vida.

Cierra el libro y sonríe. Sabes que estás en este mundo sin ser del mundo. Eres un "turista espiritual" en un bello plano material. Valora tu estancia en él, porque algún día lo abandonarás. Y tener esto presente, te dará certeza, equilibrio, calma y felicidad. La vida aquí será para ti un juego de la Consciencia. Y nunca olvides, especialmente cuando las cosas se tuerzan, que estás de visita, de paso (todo es provisional) en un hermoso planeta azul que gira en medio del cosmos infinito.

Finalmente, tarde o temprano reconocerás que eres la perfección expresándose en un sistema nervioso, en este mundo de formas, y en una experiencia vital. Cuanto antes lo hagas y aceptes esta verdad, antes regresarás a la realidad de ti mismo.

Namasté.

GLOSARIO

Vedanta Advaita: la enseñanza tradicional hindú de la no dualidad, no separación. Solo tiene existencia real la Presencia y todo lo fenoménico es una ilusión.

Absoluto: realidad última que existe por sí misma.

Ashram: escuela espiritual donde se imparten enseñanzas hinduistas.

Coach: el que practica el *coaching* como entrenador profesional en diferentes ámbitos.

Coaching: tecnología de éxito. Es un método que consiste en acompañar y entrenar a una persona, o a un grupo, con el fin de alcanzar metas y cumplir objetivos específicos.

Conciencia: es la mente, el medio, la herramienta mediante la que se expresa la consciencia. Percibe, es el ámbito del ego y tiene niveles.

Consciencia: es la Divinidad, el Espíritu y cualquier otra palabra afín. Es el ámbito del espíritu, no tiene niveles.

Darshan: bendición recibida al estar en la presencia de un ser realizado.

Gurú: es quien está liberado. Preceptor espiritual que ha realizado su verdadera naturaleza.

Iluminación: la experiencia de lo Divino que se concreta en la auto realización o sentido de unidad con el Absoluto. Es un esclarecimiento interior que cambia la percepción por el conocimiento.

Mahatma: persona de elevado desarrollo espiritual, "alma grande".

Mantra: instrumento de pensamiento, sonido con profundo poder místico que es repetido y que produce resultados concretos.

Maya: la gran ilusión, que hace que nos veamos como un cuerpo en un mundo y nos mantiene sumidos en el engaño y la ignorancia de nuestra naturaleza.

Mente: intelecto, memoria, raciocinio, yoidad.

Mundo: es el efecto de una causa invisible, una proyección fenoménica. Materia.

Namasté: saludo de veneración y respeto, utilizado en culturas orientales.

Pastilla azul: metáfora de la elección del temor.

Pastilla roja: metáfora de la elección del amor.

Realidad: es la causa del mundo fenoménico, la matriz de todo lo visible en la forma. Espíritu.

Sadhana: entrenamiento espiritual que tiene como objetivo alcanzar lo Absoluto.

Samsara: la rueda de la existencia, ciclo de nacimientos y muertes.

Satgurú: maestro que imparte la más alta instrucción espiritual.

Satsang: comunidad de iniciados, asociación de sabios.

EL CÓDIGO
DE LA
MANIFESTACIÓN

RAIMON SAMSÓ

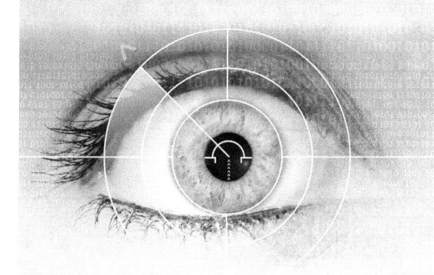

Los 12 poderes para
hacer realidad tus deseos

EDICIONES OBELISCO

RECURSOS DEL AUTOR

Gracias por compartir tu tiempo conmigo; para mí ha sido un placer acompañarte durante tu lectura. Si estás interesados en avanzar hacia otro nivel de conciencia, te propongo mis video cursos, te enseñaré sin importar donde vivas, en cualquier parte del mundo.

Haz click en los enlaces para descubrir lo que pueden hacer por ti:

➡ El Código del Dinero (video curso).

➡ Supercoaching: Cita en la cima (video curso).

➡ Libertad Incondicional (video curso).

➡ Seminario Millonario (presencial y video curso).

➡ Programa Experto (mentoría grupal online).

Si estás interesado en avanzar conmigo, visita mis webs temáticas sobre cada uno de esos temas en la **video escuela** Raimon Samsó online: **http://raimonsamso.info**

Si deseas que participe en algún evento como conferenciante, contacta a través de la pestaña: "Conferencias" de mi web **www.raimonsamso.com**

Si quieres adquirir mis infoproductos, acude a la tienda virtual, con envíos a todo el mundo: **www.tiendasamso.com**

ACERCA DEL AUTOR

Raimon Samsó

Visita su página en YouTube. Síguele en redes sociales. Las webs del autor:

www.raimonsamso.com

www.elcodigodeldinero.com

www.supercoaching.es

www.institutodeexpertos.com

www.tiendasamso.com

http://raimonsamso.info

www.Cumplir40alos60.com

Contáctale, y suscríbete en:
www.supercoaching.es / info@raimonsamso.com

 facebook.com/raimonsamso

 twitter.com/raimonsamso

 instagram.com/raimonsamso

 amazon.com/author/raimonsamso

QUISIERA PEDIRTE...

Quisiera pedirte un favor, para que este libro llegue a más personas, y es que lo valores con tu opinión sincera en la plataforma donde lo hayas comprado.

He de delegar en los lectores el marketing del libro porque en este mismo momento ya estoy deseoso de empezar a escribir un nuevo libro para ti.

Bendiciones.

CRÉDITOS

CPSIA information can be obtained
at www.ICGtesting.com
Printed in the USA
LVHW081445040520
654980LV00044B/3604